RACCONTI

di oggi

■

RACCONTI

di oggi

■

Franca Celli Merlonghi
Pine Manor College

Ferdinando Merlonghi

HOUGHTON MIFFLIN COMPANY   Boston
Dallas   Geneva, Illinois   Palo Alto   Princeton, New Jersey

CREDITS

The author and editors would like to thank the following authors and publishers for granting permission to use copyrighted material:

Gianni Rodari, "Il filobus numero 75," from *Favole al telefono*, Turin: Giulio Einaudi Editore, 1971, reprinted by permission of the publisher.   Stefano Benni, "La traversata dei vecchietti," from *Il bar sotto il mare*, Milan: Giangiacomo Feltrinelli Editore, 1987, reprinted by permission of the publisher.

Remaining text and photo credits can be found at the end of this book.

Cover photograph: *Carnivale Masks at Ca' Macana Mask Store,* © **1990 Zigy Kaluzny.**

Printed in the U.S.A.

ISBN: 0-395-55423-3

Library of Congress Catalog Card Number: 90-83053

H I J-CS-05 04 03 02 01

Ai nostri genitori.

INDICE

CHIAVE ALLE FOTOGRAFIE E ALLE RIPRODUZIONI DI BELLE ARTI

INTRODUCTION

Racconti di oggi is a collection of Italian short stories selected especially for students in their second, third, or fourth semester of language study who are ready to begin reading authentic Italian writing. The collection consists of eight contemporary short stories, many of which are recently published. The stories have been selected for their appeal and their thought-provoking qualities, as well as for their accessibility.

The text is organized thematically around topics of increasing complexity. Each chapter opens with an introductory essay by the authors and is accompanied by comprehension exercises and a photo essay. The photo essays offer contemporary views of Italy and depict works of art by Italian artists from different centuries. The introductory essay and photographs are intended to orient students to the theme and to stimulate discussion.

In order to prepare students for the main ideas of each short story, a brief introduction in simple Italian precedes each selection. The selection introduction is followed by a list of vocabulary, essential for understanding the story, and a series of prereading exercises. The vocabulary section and corresponding exercises are designed to facilitate comprehension and to reinforce retention of the new vocabulary. Marginal glosses throughout the readings and an Italian-English end vocabulary supply further aid for unfamiliar words and expressions.

An author biography written in English provides the final lead-in to each selection. It includes general or anecdotal information intended to help students appreciate the author's particular style, viewpoint, or preferred subject matter. Each descriptive paragraph about the author ends with a **Nota di prelettura,** in which students are given questions or issues to keep in mind while reading the selection. Postreading activities, including comprehension checks, discussion topics, and writing activities, explore students' understanding of the story and encourage them to think about the relevance of literature to everyday life.

It is recommended that students learn or review the forms and uses of the *passato remoto* and *imperfetto* verb tenses before beginning to read the stories. It is also recommended that instructors go over any unusual stress patterns for new vocabulary words to be presented before each selection.

TO THE STUDENT

■ Reading Strategies

Here are some tips to help you comprehend the stories you are about to read. Though essential new vocabulary will be introduced before you begin each story, and other unfamiliar terms will be glossed in the margin, you will still encounter words and turns of phrase you don't know. Learning to deal with unknown words is one of the most valuable skills you can acquire in the process of learning a new language. Try to make the following strategies habitual, so that you use them almost automatically whenever you read Italian. Some of these approaches will help you better understand spoken Italian, as well.

Orienting yourself and activating pertinent knowledge

Before you start reading, take a minute to familiarize yourself with what you are about to read. Think of what you already know about the topic. Be sure you understand the title. Consider what it evokes. Glance at the length of the piece. Knowing the approximate length of a story can help you when predicting its outcome.

When you begin reading, make sure that you understand the opening situation: who the characters are, their relationship to each other, and where and when the story takes place. Try to get a sense of the tone of the story: Is it straightforward? playful? ironic? satiric?

Extracting meaning from context

The basic meaning of a passage is conveyed mostly by nouns and verbs. If you grasp the fundamental meaning of a paragraph, but don't recognize a couple of adjectives or adverbs, just keep reading. Use the words you do know, the information you know to be true about the story, and what seems to make sense from the surrounding text to help you through a difficult sentence or paragraph. You can always look up unknown words later.

Using the dictionary strategically

Don't look up too many words. It interrupts the flow and can make reading a chore. Often you don't need to confirm the exact meaning of a particular word, as you may understand the sentence without it. At other times, you can guess the meaning from the context. You may want to mark a word you don't know, but continue reading without looking it up unless you are convinced that you are stuck without it.

Honing your skill at deciphering meaning

While reading, ask yourself what the writer is trying to say in a particular passage. Does the passage contain a physical description, an account of actions or events, or the workings of a character's mind? Generally speaking, it is important to understand dialogue and action with precision. By contrast, it isn't necessary to identify every bird and plant mentioned in a descriptive passage. It's enough to recognize the tone and general drift of the description.

Pay attention to prefixes and suffixes, which can help you figure out the meaning of words you haven't encountered before. Look to see if any of the word parts are familiar. Cognates, or words in different languages that are derived from the same root, are also very helpful. In Italian and English there are many. Be on the lookout, however, for false cognates, words that appear to be similar but have very different meanings. These can lead you astray.

Notice the dominant verb tense the author uses. Six of the eight stories in *Racconti di oggi* are written in the *passato remoto*, the tense used in writing to describe events completed in the past. Though the *passato remoto* is notoriously irregular, you will almost always recognize familiar verbs without difficulty, even if you haven't yet studied their forms in this tense. Look for the verb stem as a clue to meaning. Your knowledge of irregular past participles will also be valuable in decoding unknown verbs, as the past participle of a given verb is often very similar to its irregular forms in the *passato remoto*.

Using confusion as a tool

Look for signals that things aren't adding up. These signals will be matters of plausibility and the accumulating meaning of the story. Work at recognizing the difference between (a) uncertainty about the meaning of specific words (b) active misunderstanding (thinking you grasp a passage, but discovering that your version doesn't jibe with the rest of the story) and (c) total bafflement. If you've lost the thread of the narrative, look for the point at which the story meaning became unclear. This process—tolerating some uncertainty without becoming totally lost, and distinguishing uncertainties you can bear with temporarily from those that are hindering you—is at the heart of language learning.

Rereading

It is often a good idea to reread a passage immediately. When you do, experiment with the different ways of reading prose you use in English. For instance, to retrieve a particular piece of information, try scanning the passage rapidly. To confirm your sense of the overall meaning of a passage, skim over it one more time.

Eventually, you will find that you can decipher most of the written Italian you encounter without undue strain, and that reading Italian will have become something to do purely for pleasure.

ACKNOWLEDGMENTS

REVIEWERS

Flavia Brizio, University of Tennessee, Knoxville, TN

Romana Capek-Habekovic, The University of Michigan, Ann Arbor, MI

Salvatore Cappelletti, Providence College, Providence, RI

Thomas D. Cravens, University of Wisconsin, Madison, WI

Francesca Italiano, University of Southern California, Los Angeles, CA

Luigi Monga, Vanderbilt University, Nashville, TN

Elizabeth G. Salimbeni, University of New Mexico, Albuquerque, NM

· I ·

Abitare in città

• I •

Abitare in città

La civiltà italiana si è sempre basata sulla vita urbana. Fin dall'antichità la città è stata il centro culturale, artistico e civico della gente che viveva in Italia. Le rovine dell'antica Roma, dai Fori Imperiali alle Terme di Caracalla, ci dimostrano il livello e la varietà degli interessi artistici e culturali degli antichi romani. Oggi la maggior parte degli italiani vive in centri urbani. Alcune città come Roma, Torino, Milano e Napoli hanno da anni superato il milione di abitanti. Le maggiori possibilità di lavoro presenti nelle città attraggono di continuo la gente dalla campagna e dai piccoli centri.

In genere, all'italiano piace vivere in città. La vita cittadina permette un contatto più diretto con la cultura del paese e con il continuo sviluppo della società. In città infatti è facile andare ai musei, a conferenze, al cinema, a teatro e a manifestazioni politiche e sportive. Tutte queste attività facilitano molto i contatti umani e si creano rapporti sociali diversi ed interessanti. Questi aspetti positivi della vita in città sono, però, in contrasto con alcuni aspetti negativi.

Negli ultimi anni molte città sono diventate sovraffollate. Le antiche strutture dei centri urbani non sono più in grado di sopportare un numero così alto di abitanti. Vivere in città significa oggi trovarsi tra enormi palazzi di cemento, continui ingorghi di traffico, aria irrespirabile e rumori assordanti. Se si aggiungono le pressioni derivate dallo stressante lavoro quotidiano, si ottiene un quadro non proprio piacevole della vita in città.

Di fronte a questa situazione, gli italiani hanno cercato di rimediare con il ritorno alla natura e con la ricerca di migliori condizioni ambientali. Ma il ritorno alla natura non è una cosa facile da realizzare, dato che la maggior parte delle persone vive in città per esigenze di lavoro. Per loro, oltre alla breve gita di fine-settimana, ci sono solo le vacanze estive per poter riposare con una certa tranquillità. Infatti nei mesi di luglio e agosto intere famiglie vanno a vivere nella loro seconda casa, situata generalmente vicino al mare, in montagna o in campagna.

Da tempo la gente ha chiesto alle autorità politiche leggi e regolamenti per migliorare l'ambiente e le condizioni di vita in città. Finalmente oggi si vedono in molte città alcuni risultati positivi, come la chiusura al traffico del centro storico, isole pedonali, più giardini e parchi comunali ed un servizio di trasporti pubblici più efficiente.

■ Esercizi di comprensione

A. **Vero o falso?** Indichi se le seguenti frasi sono vere o false, secondo il contenuto della lettura.

1. Gli italiani hanno una lunga tradizione di vita cittadina.
2. Gli antichi romani preferivano vivere in campagna.
3. Quasi tutte le città italiane hanno più di un milione di abitanti.
4. Per gli italiani è importante partecipare alle attività culturali offerte dalla vita cittadina.
5. La vita nelle città italiane offre solo esperienze positive.
6. Due delle città italiane più sovraffollate sono Roma e Milano.
7. Il traffico, l'inquinamento *(pollution)* dell'aria ed i rumori sono tre aspetti negativi della vita cittadina.
8. È facile tornare a vivere vicino alla natura perché oggi la vita in campagna offre molte opportunità di lavoro.
9. Durante l'estate, molte famiglie lasciano la città per andare a stare nella loro seconda casa al mare, in montagna o in campagna.
10. Le autorità di molte città italiane hanno preso varie iniziative per migliorare le condizioni di vita dei cittadini.

B. **Completare le frasi.** Completi le seguenti frasi con espressioni di senso compiuto secondo il contenuto della lettura.

1. Il centro della vita culturale e artistica italiana . . . .
2. Le Terme di Caracalla e i Fori Imperiali . . . .
3. Le città che hanno più di un milione di abitanti . . . .
4. Gli aspetti positivi della città . . . .
5. Gli aspetti negativi della città . . . .
6. Per gli abitanti della città non è facile . . . .
7. Quando vogliono riposare, i cittadini . . . .
8. Per migliorare l'ambiente . . . .

C. **Dove vivere?** Prepari i seguenti elenchi per poi partecipare ad una discussione di gruppo (tre o quattro studenti/studentesse) su dove è meglio vivere.

1. Tre vantaggi e tre svantaggi della vita in città.
2. Tre vantaggi e tre svantaggi della vita in campagna.
3. Tre caratteristiche del luogo ideale in cui le *(you)* piacerebbe vivere.

D. Sondaggio. Faccia le seguenti domande ad un gruppo di tre o quattro studenti per sapere quali sono le loro preferenze ed opinioni. Prenda appunti per poi riferire i risultati alla classe.

1. Dove abiti, in città, in un piccolo paese o in campagna? Ti piace vivere lì? Perché?
2. Quali sono i vantaggi del luogo in cui vivi? E gli svantaggi?
3. Ti piacerebbe vivere in un altro posto? Dove? Perché?
4. Pensi che il luogo in cui viviamo incida sulla (*affects*) qualità della nostra vita? In che modo?
5. Secondo te, quale sarebbe il luogo ideale in cui vivere? Come contribuirebbe questo luogo alla qualità della vita?

■ Il giorno di lavoro nelle grandi città italiane comincia e finisce con un ingorgo di traffico.

■ "L'ora di punta" nella piazza del Duomo di Milano.

■ La tranquillità dei Giardini di Boboli a Firenze offre un'alternativa piacevole alla stressante vita in città.

■ Due uomini godono un po' di sole, l'aria fresca e
una panchina libera in un parco di Milano.

■

Il filobus numero 75

Gianni Rodari

Questo racconto è una vivace e spiritosa descrizione di ciò che succede il primo giorno di primavera ad un filobus di città ed ai suoi passeggeri. Invece di andare al centro della città e compiere il suo percorso determinato, il filobus cambia direzione e si dirige verso la campagna.

Come può accadere tutto ciò? Ha la primavera una forza così grande o è forse un richiamo magico della natura? Come reagiranno i passeggeri? Ci sarà un ritorno in città?

■ Vocabolario

Studi queste parole prima di fare gli esercizi che seguono.

Parole analoghe

Sostantivi	Aggettivi	Verbi
l'aria	fresco/a	dichiarare
l'assalto	profumato/a	esclamare
la data		linciare
la protesta		protestare

Parole nuove

Sostantivi

il boschetto small forest
il ciclamino cyclamen
il conducente conductor, driver
il fattorino ticket vendor
il filobus trolley

la margherita daisy
il mazzetto small bunch
la scampagnata picnic
il viaggiatore traveler, passenger

8

Aggettivi

acerbo/a unripe
giulivo/a merry

maturo/a ripe

Verbi

cogliere to pick
correre to run
gridare to shout
impazzire to go mad

meravigliarsi (di) to be surprised,
  to marvel
ribattere to rebut
ripartire to go away again

Espressioni

chissà who knows
in partenza da leaving from

tutto/a solo/a all alone

Parole nuove in contesto

Marco, Luisa e Diana sono oggi particolarmente *giulivi* perché vanno con la zia a fare una *scampagnata* in un *boschetto* fuori città. Tutti insieme prendono *il filobus* perché la macchina della zia è dal meccanico. Appena salgono sul filobus, i piccoli *viaggiatori* comprano i biglietti dal *fattorino* e vanno a sedersi dietro al *conducente*. Poco dopo la zia dice ai bambini che nel boschetto ci saranno senz'altro *ciclamini* e *margherite* e quindi sarà possibile fare bei *mazzetti* di fiori da riportare alla mamma e alla nonna. Nel boschetto ci saranno anche le fragole, ma sarà bene mangiare solo quelle *mature* perché quelle *acerbe* possono fare male allo stomaco.

■ Esercizi di prelettura

A. **Il verbo giusto.** Completi le seguenti frasi con la forma appropriata dei verbi indicati.

protestare	meravigliarsi	correre
gridare	ripartire	dichiarare

1. I piloti . . . uno sciopero di ventiquattro ore.
2. Essi . . . perché il loro contratto di lavoro non è stato rinnovato.
3. Il bambino . . . dalla mamma appena vede un cane.
4. All'improvviso cade e si mette a . . . .
5. Emilio e Luciana . . . prima di finire la vacanza.
6. I loro amici . . . della loro partenza improvvisa.

B. **Definizioni.** Combini ogni parola di destra con la sua propria definizione.

1. piccola area dove ci sono alberi
2. il giorno, il mese e l'anno
3. persona che guida un mezzo di trasporto
4. un mezzo di trasporto pubblico
5. vende i biglietti sull'autobus
6. la facciamo quando mangiamo in un parco
7. un bel fiore di bosco

ciclamino
scampagnata
boschetto
data
conducente
filobus
fattorino

C. Completi le seguenti frasi con una delle parole o espressioni suggerite fra parentesi.

1. (La scampagnata, L'aria) di Milano è quasi sempre inquinata.
2. Oggi queste ragazze milanesi sono tutte (mature, giulive) perché stanno per andare al mare.
3. Armida preferisce restare a casa (acerba, tutta sola) invece di andare con loro.
4. Il treno che le porterà al mare è (ripartito, in partenza dal) binario numero tre.
5. (Chissà, Esclama) a che ora le ragazze arriveranno in albergo?
6. Vorrebbero comprare delle pesche, ma non le comprano perché sono un po' (profumate, acerbe).
7. Invece delle pesche le ragazze comprano un mazzetto di (boschetti, ciclamini) per Elisa perché oggi è il suo compleanno.

D. **Minidialoghi.** Completi gli spazi dei seguenti minidialoghi con la forma appropriata delle tre parole fra parentesi.

1. — Ti piacerebbe . . . un . . . di fiori da portare a casa?
   — Sì. Queste . . . sono molto belle!
   (margherita, cogliere, mazzetto)
2. — Gli hai chiesto se conosce quel . . . ?
   — Ha . . . che lui non prende mai il . . . .
   (filobus, ribattere, conducente)
3. — Perché . . . il direttore?
   — Ha detto che mi . . . se arrivo tardi un'altra volta.
   — Ma che dici? È . . . ?
   (linciare, impazzire, gridare)
4. — Due giovani delinquenti hanno preso d'. . . il filobus.
   — C'erano molti . . . ?
   — No. C'era solo il . . . .
   (viaggiatore, fattorino, assalto)
5. — . . . cosa fanno gli studenti in questo momento.
   — Staranno a . . . — . . . il professore.
   (protestare, chissà, esclamare)

Il filobus numero 75

Gianni Rodari

Gianni Rodari was born near Milan in 1920 and died in Rome in 1980. Early in his career, he wrote humorous stories about everyday problems for a newspaper page dedicated to the family. Admiring readers urged him to write more such witty stories.

Ultimately Rodari wrote many volumes of what he called adventures in "the logic of the imagination." It was his hope that his books would appeal to both adults and young people and help stimulate dialogue between them. "Il filobus numero 75" is from Favole al telefono, *a collection published in 1961 and translated into Japanese and many European languages. The stories in this book are fantastic inventions, drawing on word games, nonsense rhymes, and even misspelled words.*

NOTA DI PRELETTURA: *In queste note offriremo agli studenti una o più idee da considerare durante la lettura del racconto. Oppure, invece di suggerire un proposito specifico per la lettura, faremo agli studenti qualche domanda che li aiuti a capire il vero significato del racconto. Quindi per il racconto che segue, lo studente deve tenere presente* (keep in mind) *le seguenti domande:*

- *Quale settore della società rappresentano i viaggiatori del filobus?*
- *In quale stagione dell'anno ha luogo questa storia?*
- *Confronti la reazione iniziale dei viaggiatori con quella che hanno alla fine dell'avventura.*
- *Secondo lei, che cosa imparano da quest'avventura i personaggi del racconto?*

Una mattina il filobus numero 75, in partenza da Monteverde Vecchio[1] per Piazza Fiume, invece di scendere verso Trastevere,[2] prese per il Gianicolo,[3] svoltò giù per l'Aurelia Antica[4] e
5 dopo pochi minuti correva tra i prati fuori Roma come una lepre in vacanza.

I viaggiatori, a quell'ora, erano quasi tutti impiegati, e leggevano il giornale, anche quelli che non lo avevano comperato,° perché lo   (*=comprato*)
10 leggevano sulla spalla° del vicino. Un signore,   *over the shoulder* nel voltar pagina, alzò gli occhi un momento, guardò fuori e si mise a gridare:

---

1. un quartiere di Roma   2. un altro quartiere di Roma
3. uno dei sette colli di Roma   4. una delle antiche strade romane

— Fattorino, che succede? Tradimento,° treachery
tradimento!

15 Anche gli altri viaggiatori alzarono gli occhi
dal giornale, e le proteste diventarono un
coro° tempestoso: chorus
— Ma di qui si va a Civitavecchia!⁵
— Che fa il conducente?
20 — È impazzito, legatelo!
— Che razza° di servizio! kind
— Sono le nove meno dieci e alle nove in
punto debbo essere in Tribunale,° — gridò un court
avvocato, — se perdo il processo° faccio case
25 causa° all'azienda. I'll sue

Il fattorino e il conducente tentavano di
respingere l'assalto, dichiarando che non ne
sapevano nulla, che il filobus non ubbidiva piú
ai comandi e faceva di testa sua.° Difatti in was going its own way
30 quel momento il filobus uscí addirittura di
strada e andò a fermarsi sulle soglie di un
boschetto fresco e profumato.
— Uh, i ciclamini, — esclamò una signora,
tutta giuliva.
35 — È proprio il momento di pensare ai
ciclamini, — ribatté l'avvocato.
— Non importa, — dichiarò la signora, —
arriverò tardi al ministero, avrò una lavata di
capo,° ma tanto è lo stesso, e giacché ci sono scolding
40 mi voglio cavare la voglia° dei ciclamini. to satisfy my wish
Saranno dieci anni che non ne colgo.
Scese dal filobus, respirando a bocca spa-
lancata° l'aria di quello strano mattino, e si wide open
mise a fare un mazzetto di ciclamini.
45 Visto che° il filobus non voleva saperne di° Seeing that / to have
ripartire, uno dopo l'altro i viaggiatori scesero anything to do with
a sgranchirsi° le gambe o a fumare una siga- stretch
retta e intanto il loro malumore scompariva
come la nebbia al sole. Uno coglieva una
50 margherita e se la infilava all'occhiello,° l'altro buttonhole
scopriva una fragola acerba e gridava:
— L'ho trovata io. Ora ci metto il mio
biglietto, e quando è matura la vengo a cogliere, e guai se non la trovo.
55 Difatti levò dal portafogli un biglietto da
visita, lo infilò in uno stecchino° e piantò lo toothpick

---

5. città vicino Roma

stecchino accanto alla fragola. Sul biglietto c'era scritto: — Dottor Giulio Bollati.

Due impiegati del ministero dell'Istruzione° appallottolarono° i loro giornali e comincia-
60 rono una partita di calcio. E ogni volta che davano un calcio alla palla gridavano: — Al diavolo!

Insomma, non parevano piú gli stessi im-
65 piegati che un momento prima volevano lin-ciare i tranvieri. Questi, poi, si erano divisi una pagnottella col ripieno di frittata° e facevano un picnic sull'erba.

— Attenzione! — gridò ad un tratto l'av-
70 vocato.

Il filobus, con uno scossone,° stava ripar-tendo tutto solo, al piccolo trotto.° Fecero appena in tempo a saltar su, e l'ultima fu la signora dei ciclamini che protestava: — Eh,
75 ma allora non vale.° Avevo appena comin-ciato a divertirmi.

— Che ora abbiamo fatto? — domandò qualcuno.

— Uh, chissà che tardi.

80 E tutti si guardarono il polso. Sorpresa: gli orologi segnavano ancora le nove meno dieci. Si vede che per tutto il tempo della piccola scampagnata le lancette non avevano cam-minato.° Era stato tempo regalato, un piccolo
85 extra, come quando si compra una scatola di sapone in polvere e dentro c'è un giocattolo.

— Ma non può essere! — si meravigliava la signora dei ciclamini, mentre il filobus rien-trava nel suo percorso e si gettava giù° per via
90 Dandolo.

Si meravigliavano tutti. E sí che avevano il giornale sotto gli occhi, e in cima al giornale la data era scritta ben chiara: 21 marzo. Il primo giorno di primavera tutto è possibile.

Department of Education / rolled into a ball

omelette sandwich

jolt
at a gentle trot

there's no point

hadn't moved

was hurtling down

■ Esercizi di dopolettura

A. **Cosa succede?** Narri quello che succede nel racconto, concen-trandosi sui seguenti punti.

   1. L'ora del giorno
   2. Quello che fa il filobus

3. Chi sono i viaggiatori
4. Quello che dicono i viaggiatori
5. Quello che dicono il conducente e il fattorino
6. Quello che fanno i viaggiatori dopo un po' di tempo
7. Quello che fa il filobus ad un certo punto
8. Il tempo che è passato
9. L'importanza della data

B. **I personaggi.** Indichi quale delle tre cose fanno le seguenti persone mentre sono nel boschetto.

1. Il Dottor Giulio Bollati . . .
   a) protesta perché è in ritardo
   b) mette un biglietto da visita accanto ad una fragola
   c) mangia un panino al formaggio
2. La signora che lavora al ministero . . .
   a) si mette a cogliere i ciclamini
   b) fuma una sigaretta
   c) domanda al conducente se è possibile ritornare in città
3. Gli impiegati del ministero dell'Istruzione . . .
   a) fanno una passeggiata
   b) cominciano a fare una partita di calcio
   c) leggono il giornale
4. Il conducente e il fattorino . . .
   a) puliscono il filobus
   b) colgono un mazzetto di margherite
   c) fanno una scampagnata sull'erba

C. **Intervista.** Immagini di essere uno dei viaggiatori del filobus e di raccontare la sua avventura ad un/una giornalista della televisione. Collabori con un altro studente/un'altra studentessa.

D. Temi di discussione orale o scritta.

1. Commenti come reagiscono i vari personaggi all'inizio e alla fine di questa avventura.
2. Se questo è un sogno, è un sogno privato o collettivo? Da che cosa è causato?
3. Spieghi quali sono gli elementi infantili e quali gli elementi adulti di questo racconto.

■

La traversata dei vecchietti

Stefano Benni

In questo racconto l'autore narra l'avventura di due vecchietti che un giorno desiderano andare a prendere aria e sole in un giardino della città. Ma per raggiungere il giardino, devono attraversare una strada grande e larga e con molto traffico. E si sa che al giorno d'oggi non è facile passare da un lato all'altro di una strada piena di automobili.

Gli automobilisti italiani guidano velocemente e spesso disordinatamente. Qualche volta ignorano anche le regole stradali. Sentendosi molto potenti al volante della macchina, non rispettano affatto i diritti dei pedoni. Essendo queste le condizioni della strada, i vecchietti del racconto devono inventare strategie particolari per raggiungere il giardino.

■ Vocabolario

Studi le seguenti parole prima di fare gli esercizi che seguono.

Parole analoghe

Sostantivi	Aggettivi	Verbi
l'esploratore	continuo/a	avanzare
il metro	imprudente	comprendere
la polizia		depositare
il proprietario		indicare
il punto		insultare
il tabacco		rispettare

Parole nuove

Sostantivi

il camioncino van	**la scorta** escort
il flusso flow	**il semaforo** traffic light
il lato side	**la striscia pedonale** crosswalk
il marciapiede sidewalk	**la traversata** crossing
la minaccia threat	**il vecchietto** elderly man
il poliziotto policeman	

Aggettivi

acciaccato/a crushed	**malandato/a** in bad shape
grosso/a huge, big	**sbagliato/a** wrong
incastrato/a trapped	

Verbi

attraversare to cross	**raggiungere** to reach
dirottare to hijack	**riempire (di)** to fill up with
fermarsi to stop	**sdraiarsi** to stretch out
frenare to brake	**spaventarsi** to get scared
muoversi, *p.p.* **mosso** to move	**trovarsi** to find oneself, to be
posteggiare to park	**voltare** to turn

Espressioni

anzi on the contrary	**indietro** back
dritto straight	**mai più** never again

Parole nuove in contesto

Nelle strade di una grande città c'è sempre molto traffico e la gente
deve necessariamente camminare sul *marciapiede*. Se una persona ha
bisogno di *attraversare* una strada, deve *raggiungere* il *semaforo* e poi
camminare sulla *striscia pedonale* per andare all'altro *lato* della strada.
In alcune strade ci sono punti dove il *flusso* delle automobili, dei
camioncini e delle motociclette crea spesso una *grossa minaccia* per la
gente. In questi punti c'è quasi sempre un *poliziotto* che fa da *scorta* ai
bambini e ai *vecchietti* mentre fanno la loro *traversata* pericolosa.

■ Esercizi di prelettura

A. **Fuori posto.** Fra le parole di ogni gruppo ce n'è una che non
appartiene. Indichi la parola e spieghi perché non appartiene al
gruppo.

1. il traffico: il semaforo, il poliziotto, la macchina, il metro

2. attraversare: la striscia pedonale, la strada, avanzare, sdraiarsi
3. posteggiare: il lato, l'auto, il camioncino, malandato
4. camminare: dirottare, il giardino, il marciapiede, la strada

B. Completi le seguenti frasi con la forma appropriata di una delle parole indicate.

1. La vecchietta esce di casa e . . . la strada con l'aiuto del poliziotto.
   (la traversata, attraversare, dirottare)
2. Arriva davanti alla banca e poi . . . a sinistra verso la chiesa.
   (sdraiarsi, raggiungere, voltare)
3. Mentre cammina vede suo nipote che . . . la macchina dall'altra parte della strada.
   (spaventarsi, posteggiare, riempire)
4. La macchina del nipote è tutta . . . sul davanti perché il ragazzo ha avuto un incidente la settimana scorsa.
   (dritto, acciaccato/a, incastrato/a)
5. Nell'incidente, la macchina era rimasta . . . sotto ad un camioncino.
   (frenare, voltare, incastrato/a)

C. Opposti. Sostituisca alle parole indicate in corsivo, parole di significato contrario.

1. Quel signore mi ha dato la risposta *giusta*. *falsa*
2. I vecchietti non sono *prudenti*. *imprudenti*
3. Paola è andata ad una riunione dei *giovani* in un albergo del centro. *vecchi*
4. Di chi è quella *piccola* macchina posteggiata all'angolo? *grande*
5. Il poliziotto gli ha detto di *fermarsi*. *muoversi*

D. Sinonimi. Sostituisca ai verbi indicati i sinonimi riportati in basso. Usi la forma appropriata dei verbi.

spaventarsi	comprendere	trovarsi
depositare	rispettare	indicare
insultare		

1. Bisogna *onorare* gli anziani.
2. Il poliziotto non *capisce* cosa dicono i vecchietti.
3. Gli *faccio vedere* dov'è il giardino.
4. Perché i bambini non *hanno paura* del serpente?
5. Dicono che *stanno* bene vicino al laghetto.
6. Il ragazzo *mette* la bicicletta sul camioncino.
7. Il poliziotto *offende* i vecchietti.

Completi le seguenti frasi con l'italiano equivalente delle parole o espressioni in inglese.

1. Abbiamo deciso di non andare . . . a quel parco.   *(ever again)*
2. Non sanno se devono andare . . . o tornare . . . .   *(straight, back)*
3. In questa strada il . . . delle automobili è una continua . . . .   *(flow, threat)*
4. Di chi è quel . . . così . . . ?   *(van, bad shape)*
5. . . . a quel . . . il poliziotto gli ha fatto da . . . .   *(On the contrary, point, escort)*

La traversata dei vecchietti

Stefano Benni

Stefano Benni is a journalist as well as a poet and fiction writer. His novel Terra!, *published in 1983, has been translated into many languages including English. In* Il bar sotto il mare, *a collection of short stories published in 1987, the bartender of a fictional bar under the sea and some of his unusual customers—an invisible man, a vamp, a siren, and a sailor, among others—tell witty stories to the customers. "La traversata dei vecchietti," from this collection, depicts the predicament of three elderly men trying to cross a busy city street.*

NOTA DI PRELETTURA: *Mentre legge il racconto tenga presente le seguenti domande:*

- *Quali metodi ingegnosi e diversi usano i vecchietti per combattere il traffico automobilistico?*
- *Cerchi di visualizzare la scena descritta dall'autore. È una scena realistica o inverosimile (fanciful)?*
- *Come riescono ad attraversare la strada i tre vecchietti?*
- *Quale aspetto della vita in città emerge da questo racconto?*

I vecchi dovrebbero essere esploratori . . .
(THOMAS S. ELIOT)

C'erano due vecchietti che dovevano attraversare la strada. Avevano saputo che dall'altra parte° c'era un giardino pubblico con un   *on the other side*
laghetto. Ai vecchietti, che si chiamavano Aldo
5 e Alberto, sarebbe piaciuto molto andarci.
  Così cercarono di attraversare la strada, ma

era l'ora di punta° e c'era un flusso continuo di
macchine.

10 — Cerchiamo un semaforo — disse Aldo.

— Buon'idea — disse Alberto.

Camminarono finché ne trovarono uno, ma
l'ingorgo era tale che le auto erano ferme
anche sulle strisce pedonali.

15 Aldo cercò di avanzare di qualche metro,
ma fu subito respinto indietro a suon di
clacson° e male parole. Allora disse: proviamo
a passare in un momento in cui tutti sono
fermi. Ma l'ingorgo era tale che, anche se i

20 vecchietti erano magri come acciughe,° non
riuscirono a passare. Anzi Aldo rimase inca-
strato in un parafango° e il proprietario dell'
auto scese tutto arrabbiato,° lo prese sotto le
ascelle,° lo strappò via e non sapendo dove

25 metterlo lo posò sul cofano° di un'altra auto.

— Eh no, qua no — disse il proprietario
della seconda auto, lo sollevò e lo depositò sul
tetto di un camioncino.

Così una botta alla volta° Aldo stava quasi

30 per arrivare dall'altra parte della strada. Ma
l'uomo del camioncino mise la freccia a de-
stra° e bestemmiando° e insultando riuscì a
attraversare la strada e posteggiò nel solito
lato, quello da cui erano partiti i vecchietti.

35 Era quasi sera quando a Aldo venne un'altra
idea.

— Mi sdraio in mezzo alla strada e faccio
finta° di essere morto — disse — quando le
auto si fermano tu attraversi veloce, poi mi

40 alzo e passo io.

— Non possiamo fallire — disse Alberto.

Allora Aldo si sdraiò in mezzo alla strada,
ma arrivò un'auto nera e non frenò, gli diede
una gran botta e lo mandò quasi dall'altra

45 parte della strada.

— Forza che ce la fai!° — gridò Alberto.

Ma passò una grossa moto e con una gran
botta rispedì Aldo dalla parte sbagliata. Il
vecchietto rimbalzò in tal modo tre o quattro

50 volte e alla fine si ritrovò tutto acciaccato al
punto di partenza.

— Che facciamo? — chiese.

— Dirottiamo una bicicletta — disse Alberto.

rush hour

by the sound of car horns

anchovies

mudflap
angry
armpits
hood

one bump at a time

right turn signal / swearing

pretend

You can do it!

55 — Così aspettarono che un terzo vecchietto
passasse in bicicletta e balzarono sul sellino°   *seat*
(ci stavano° perché erano molto magri tutti   *they fit*
e'tre). Aldo puntò la pipa contro la schiena del
terzo vecchietto che si chiamava Alfredo e
60 disse:
— Vai a sinistra o guai a te!°   *you're in trouble!*
— A sinistra? Ma io devo andare dritto.
— Vai — disse Aldo — o ti riempio di tabacco.
65 Alfredo non comprese bene la minaccia,
però si spaventò e cercò di voltare a sinistra,
ma piombò una Mercedes che li centrò in
pieno.° Arrivò la polizia.   *ran right into them*
— Com'è successo? — chiese.
70 — Io sono l'onorevole De Balla — disse
quello della Mercedes.
— Allora può andare — disse il poliziotto
—e voi, cosa avete da dire a vostra discolpa?°   *in your own defense*
— Volevamo attraversare la strada —
75 dissero i tre vecchietti.
— Senti questa!° — disse il poliziotto —   *Listen to that!*
Ah, gli anziani d'oggi! Imprudenti. C'è troppo
traffico e siete vecchi e malandati.
— La prego, ci faccia attraversare° — disse   *help us cross*
80 Aldo.
— Dobbiamo andare ai giardini — disse
Alberto.
— Se no mi riempiono di tabacco — disse
Alfredo.
85 — Neanche per sogno,° vi riaccompagno   *I wouldn't dream of it!*
indietro. Da dove vi siete mossi? — disse il
poliziotto.
— Da lì — disse Alberto indicando il marciapiede che volevano raggiungere.
90 — Allora vi ci riporto, e guai se cercate
ancora di attraversare — disse il poliziotto.
Così con la scorta della polizia i tre vecchietti riuscirono a passare dall'altra parte e
poi arrivarono al giardino.
95 C'era veramente un bel laghetto. Si trovarono così bene che non riattraversarono mai
più.

■ Esercizi di dopolettura

A. **Descrizioni.** Indichi a quale personaggio o a quali personaggi si riferiscono i seguenti commenti. Poi descriva con un aggettivo il carattere di ogni personaggio o gruppo di persone.

1. Vogliono raggiungere il laghetto che è nel giardino pubblico.
2. Prende Aldo e lo mette sul cofano di un'altra macchina.
3. Pensa di sdraiarsi in mezzo alla strada e fare finta di essere morto per poter fermare il traffico.
4. Ordina al terzo vecchietto di andare dritto, altrimenti lo riempie di tabacco.
5. Guida una bella Mercedes.
6. Dice che gli anziani di oggi sono imprudenti e malandati.
7. Una volta che raggiungono il laghetto si trovano così bene che decidono di restare lì.

B. **La trama.** Insieme a due o tre studenti/studentesse, completi le seguenti frasi per raccontare la trama *(plot)* del racconto.

1. I due vecchietti del racconto si chiamano . . .
2. Essi vogliono attraversare la strada per . . .
3. È molto difficile attraversare la strada perché . . .
4. Passando da un cofano all'altro, Aldo sta quasi per . . .
5. Ad un certo punto Aldo ed Alberto decidono di dirottare . . .
6. Aldo dice al terzo vecchietto di andare a sinistra, mentre gli punta . . .
7. Quando De Balla gli dice che è onorevole, il poliziotto gli . . .
8. Il poliziotto non vuole accompagnare i tre vecchietti . . . ·
9. Quando il poliziotto vuole sapere da quale parte sono venuti, i vecchietti dicono . . .
10. Nel giardino vicino al laghetto, la vita è così tranquilla che i tre vecchietti . . .

C. Temi di discussione orale o scritta.

1. Descriva come i vecchietti lottano contro il traffico per attraversare la strada. Trova l'azione umoristica? divertente? Perché?
2. Al principio del racconto incontriamo due vecchietti, ma alla fine del racconto ce ne sono tre. Chi è il terzo vecchietto? Come si è unito agli altri due? Va d'accordo *(get along)* con gli altri due? Perché?
3. **Il poliziotto.** Descriva l'atteggiamento *(attitude)* del poliziotto. Come tratta l'onorevole? Come tratta i vecchietti? Cosa pensa lei di questo poliziotto?

4. Pensando al racconto, commenti i seguenti punti:
   a) la mancanza di rispetto verso gli anziani
   b) la grande quantità di automobili che limitano il movimento dei pedoni nelle strade di città
   c) per quale motivo i vecchietti decidono di restare per sempre all'altro lato della strada

· II ·

Discussioni in famiglia

• II •

Discussioni in famiglia

In Italia la famiglia è un'istituzione sociale molto importante. Fin dai secoli scorsi, essa ha avuto un'influenza enorme nella vita sociale, culturale e politica del paese. Alcune grandi famiglie italiane hanno avuto anche un ruolo determinante nel progresso dell'Italia. È sufficiente pensare alla famiglia Medici di Firenze per l'enorme sviluppo dato alle arti rinascimentali e ai Savoia di Torino per il loro contributo all'unità politica italiana.

Nella famiglia del passato il padre era la figura dominante e così è nato il nome di *famiglia patriarcale.* Di carattere forte ed autoritario, il padre era l'unico sostegno economico della famiglia. Le sue idee e le sue decisioni erano legge indiscussa per tutti i componenti del nucleo familiare. Una vivida rappresentazione di tale autorità paterna è stata data alcuni anni fa da Paolo e Vittorio Taviani, registi del film *Padre, padrone,* presentato con successo in Italia e all'estero *(abroad).*

Con il passare degli anni, ma specialmente dalla metà di questo secolo, la situazione all'interno della famiglia è cambiata. Oggi, un po' per necessità, un po' per l'emancipazione della donna, la famiglia italiana presenta caratteristiche diverse.

Spesso entrambi i genitori lavorano ed insieme contribuiscono alla conduzione della famiglia e all'educazione dei figli. La famiglia diviene così il luogo ideale per lo scambio di idee fra genitori e figli. Dato che la preparazione culturale e morale dei figli sta molto a cuore ai genitori, essi offrono loro di continuo consigli e suggerimenti. Da parte loro i giovani sono liberi di manifestare apertamente le proprie idee, che spesso non coincidono con quelle dei genitori. Quindi il dialogo si trasforma dapprima in un rifiuto e poi in aperta contestazione del pensiero dei genitori.

Nonostante questi contrasti, vivere in famiglia è normale per i giovani italiani. Un po' per consuetudine (*habit*), un po' per necessità economiche, i giovani rimangono nel nucleo familiare il più a lungo possibile, anche se spesso hanno già un lavoro o se studiano all'università. Di solito è solo il matrimonio che spinge il ragazzo o la ragazza italiana ad uscire di casa e formare così una nuova famiglia.

■ Esercizi di comprensione

A. **Vero o falso?** Dica se le seguenti frasi sono vere o false secondo le informazioni della lettura.

1. Solo fin dal secolo scorso la famiglia ha avuto un'influenza notevole sullo sviluppo culturale d'Italia.
2. L'unità politica italiana è stata aiutata dalla famiglia Savoia.
3. I Savoia e i Medici sono due grandi famiglie romane.
4. La famiglia italiana tradizionale era patriarcale.
5. Tradizionalmente le madri italiane hanno lavorato fuori casa.
6. Nel film *Padre, padrone* è rappresentata una tipica famiglia matriarcale italiana.
7. La famiglia italiana di oggi è diversa dalla famiglia tradizionale.
8. Raramente nella famiglia italiana si creano contrasti tra genitori e figli.
9. Di solito, i giovani italiani vivono con i loro genitori.
10. Quando si sposano, i giovani italiani tornano a vivere con i loro genitori.

B. **Intervista.** Faccia le seguenti domande a due o tre studenti/studentesse per conoscere le loro opinioni sulla famiglia.

1. Ti piacciono le famiglie grandi o piccole? Perché?
2. Preferisci una famiglia patriarcale o una famiglia matriarcale? Perché?
3. Pensi che prima di sposarsi i giovani debbano vivere con la famiglia o indipendentemente? Perché?
4. Secondo te, è importante l'istituzione della famiglia? Perché?
5. È normale che ci siano conflitti tra genitori e figli? Quali sono i motivi di questi conflitti?

C. **Temi di discussione.** Prepari i seguenti temi con un altro studente/un'altra studentessa per poi partecipare ad una discussione in classe sulla famiglia.

1. Le caratteristiche della famiglia italiana di oggi.
2. Le caratteristiche della famiglia americana di oggi.
3. Paragoni e contrasti fra la famiglia tradizionale e la famiglia moderna in Italia o negli Stati Uniti.
4. Dica quali sono spesso i motivi di contrasto fra genitori e figli.
5. Secondo lei quali sono le caratteristiche della famiglia ideale? Come dovrebbero essere il padre, la madre e i figli?

■ La dinastia Gonzaga ebbe un gran potere politico e militare nel nord d'Italia. Controllò Mantova dal 1328 al 1707 e Monferrato dal 1536 al 1707.

■ L'imagine della donna ideale è cambiata attraverso i secoli. Quali sono le caratteristiche di
questa donna? Sono ancora apprezzate queste
caratteristiche nella società moderna?

■

All'ora di pranzo

Carlo Castellaneta

In questo racconto l'autore ci propone una tipica discussione che di solito avviene in una famiglia italiana. Seduti a tavola, padre, madre e figlio discutono una richiesta del figlio appoggiata *(supported)* incondizionatamente dalla madre.

Da una banale richiesta ad una discussione politica, il passo è breve, specialmente quando è tempo di elezioni. O forse la discussione rispecchia *(reflects)* più da vicino il pensare tipico di generazioni diverse. Il racconto e la conclusione dell'autore sono ancora oggi molto attuali *(current)*.

■ Vocabolario

Studi queste parole prima di fare gli esercizi che seguono.

Parole analoghe

Sostantivi	Aggettivi	Verbi
la discussione	allarmato/a	concludere
l'isolamento	materno/a	dipendere (da)
l'ostacolo	scandalizzato/a	incoraggiare
il referendum	unito/a	insistere

Faccia attenzione!

condizionare to influence   **l'influenza** influence

Parole nuove

Sostantivi

la **battuta**   wisecrack
il **cretino**   fool
il **discorso**   subject, speech,
   conversation
il **malessere**   discomfort

il **malumore**   bad mood
lo **scontro**   clash
lo **sguardo**   look, glance
il **sospiro**   sigh
la **vigilia**   eve

Aggettivi

infervorato/a   excited

Verbi

brontolare   to grumble
illudersi   to fool oneself
indovinare   to guess
intervenire   to join in, take part
raggiungere   to join

ragionare   to reason
scambiarsi   to exchange
servirsi   to be of use
sparire   to disappear

Espressioni

dare ragione (a qualcuno)   to say
   that (someone) is right
fare le medie   to attend middle
   school

meno male   thank goodness

Parole nuove in contesto

È la *vigilia* della partenza per le vacanze e tra due giovani sposi c'è appena stato uno *scontro* di idee. Dopo l'ultima *battuta* di lui, i due *si scambiano* un breve *sguardo*. Lei sente un certo *malessere*. Dopo un lungo *sospiro,* si alza e va in cucina. Adesso lui è preso dal *malumore*. Pensa che sia stato un *cretino*. Non avrebbe dovuto dirle proprio stasera che aveva lasciato per sempre il lavoro in fabbrica. Ma non aveva avuto molta *scelta*. Adesso deve cercare di *ragionare* con lei. Quindi si alza e *raggiunge* la moglie in cucina.

■ Esercizi di prelettura

A. **La parola giusta.**   Scelga la parola appropriata per completare queste frasi.

1. Ti è piaciuta la . . . che ha fatto Giovanni quando ha visto la motocicletta di Luigi?
   a. malumore   b. battuta   c. discussione
2. Non sappiamo ancora il risultato del . . . sull'inquinamento.
   a. discussione   b. referendum   c. scontro

3. Finalmente, alla . . . delle elezioni, ho deciso per chi votare.
   a. battuta b. influenza c. vigilia
4. Mentre discutevamo quel problema, c'è stato uno . . . di idee fra gli studenti e le studentesse.
   a. isolamento b. scontro c. discorso
5. Mentre qualcuno bussava alla porta, i tre ragazzi cercavano di . . . chi era.
   a. indovinare b. scambiarsi c. ragionare
6. Non ho fatto i compiti per oggi e spero che la professoressa non sia di . . . .
   a. malessere b. brontolare c. malumore
7. Quando è arrivata Carla, hanno cambiato subito . . .
   a. malumore b. sguardo c. discorso
8. Quel giovane ha dovuto superare molti . . . , ma oggi ha un ottimo lavoro.
   a. isolamenti b. ostacoli c. sguardi
9. Solo i . . . possono fare queste osservazioni stupide.
   a. sospiri b. discorsi c. cretini
10. Mentre aspettavo il medico, ho sentito un certo . . . , ma poi mi sono sentita meglio.
    a. isolamento b. malessere c. condizionare

B. Completi le seguenti frasi con la forma appropriata dei verbi riportati in basso. Ogni verbo deve essere usato una volta sola.

ragionare	sbagliarsi	insistere
indovinare	scambiarsi	raggiungere
brontolare	dipendere	incoraggiare
intervenire	concludere	sparire

1. Noi partiamo per il mare domani, ma i nostri cugini ci . . . fra una settimana.
2. Mio padre . . . sempre quando accendo lo stereo ed ascolto la musica rock.
3. Non sanno se possono andare via stasera; . . . dal tempo.
4. Ogni volta che ho bisogno del loro aiuto, i ragazzi . . . .
5. Bambini, . . . cosa c'è in questo pacco.
6. Se tuo fratello ha paura di fare questo viaggio, tu devi . . .lo.
7. Prima di partire per gli Stati Uniti, Sandra . . . l'indirizzo con i suoi amici italiani.
8. Guarda che tu . . . ; quel signore non è il padre di Alfredo.
9. Perché . . . tanto, quando ti ho già detto che non posso uscire stasera?
10. È molto difficile . . . con lui; non vuole mai ascoltare quello che gli dico io.
11. Quando parliamo di politica, Enrico non . . . mai alla discussione.
12. Come pensi di . . . il tuo discorso?

C. **Aggettivi.** Completi le seguenti frasi con uno degli aggettivi riportati a destra.

1. La donna guarda i suoi bambini con un sorriso . . .
2. I genitori sono . . . perché il figlio non ha ancora telefonato.
3. Perché mi guardi così . . . ? Non ho detto niente di male.
4. Dopo avere ascoltato le tue avventure, i ragazzi sono tutti . . . . Adesso anche loro vogliono andare in Africa.
5. La famiglia di Dante è molto . . . . Vanno tutti molto d'accordo.

unito/a
materno/a
infervorato/a
allarmato/a
scandalizzato/a

D. Completi le seguenti frasi con l'italiano equivalente delle espressioni indicate.

1. Matteo ha tredici anni e . . . *(attends middle school)*
2. È sempre con gli amici e non studia abbastanza, ma . . . che è intelligente ed impara subito tutto. *(thank goodness)*
3. I professori lo . . . a studiare di più, ma lui non li ascolta. *(encourage)*
4. Perfino sua madre . . . ai professori. *(says that they are right)*
5. Ma quando la madre insiste e gli dice di studiare di più, Matteo . . . continuamente. *(grumbles)*
6. Lui . . . di poter andare avanti senza studiare molto. *(fools himself)*
7. Spesso dice a che . . . studiare tanto? *(is of use)*

All'ora di pranzo

Carlo Castellaneta

Carlo Castellaneta was born in Milan in 1930 and published his first novel, Viaggio col padre, *in 1958. This novel, which deals with family conflicts, won him his first critical acclaim. Many of Castellaneta's subsequent novels and short stories deal with the problems and anxieties of modern society. The story that follows, "All'ora di pranzo," is from the collection* Rapporti confidenziali, *published in 1989. The stories in the first part of this book depict conflicts between couples; those in the second part, including "All'ora di pranzo," are about conflict in the lives of families.*

NOTA DI PRELETTURA: *Mentre legge il racconto, tenga presente le seguenti domande:*

- *Qual è il rapporto tra padre e figlio? Tra madre e figlio?*
- *Quali sono gli argomenti (topics) principali di cui parlano i membri della famiglia?*
- *Di che cosa tratta il referendum di questo racconto?*
- *Chi narra il racconto? Come vede il suo ruolo dentro l'ambiente familiare?*
- *I punti di vista dei genitori sono diversi da quelli del figlio o sono simili?*

Lo indovino dalla faccia, quando mio figlio deve chiedere un favore.

Infatti non mi sbagliavo, perché appena ci sediamo a tavola domanda, come fa lui con
5 quell'aria sfrontata:° «Senti, mi daresti la mac- | *impudent*
china domenica?».

«Non so» dico. «Se il tempo è bello, magari io e la mamma andiamo al mare.»

«Ma domenica si vota»° ribatte lui, scanda- | *(we) vote*
10 lizzato. «Non siete mai andati al mare, il giorno delle elezioni.»

«È vero» incalza Elena, che è sempre pronta a dargli ragione.

«E poi non so neanche se andrò a votare.
15 Questo referendum[1] è una tale buffonata . . . »° | *such a joke*

«Allora dillo, che non vuoi darmi la mac- china» insiste Matteo.

«Non lo so» taglio corto.° «Dipende dal | *I interrupt*
tempo, dipende da . . . »

20 Siamo una famiglia che è sempre stata unita, io, Elena e Matteo. Ma ogni volta, alla vigilia di una consultazione° ci spacchiamo° in | *election / we split*
tre partiti. Fino a pochi anni fa non era così. Matteo faceva le medie e pensava al basket,
25 Elena di politica non leggeva niente, non c'erano motivi di discussioni. Adesso è diven- tata un'eterna polemica,° specialmente all'ora | *controversy*
di cena che è l'unico momento in cui siamo tutti e tre riuniti.

30 «Ti avevo chiesto la moto e non me la comperi.° Almeno prestami la macchina» va | *(= compri)*
avanti Matteo a brontolare.

«Ma sì, dagliela» dice Elena. «Tanto° do- | *After all*
menica c'è il referendum e resteremo qui.»

---

1. Spesso gli Italiani sono chiamati a votare su determinati problemi attraverso l'uso di un referendum.

35 «Ecco un bel referendum che bisognerebbe
fare: se è giusto che i figli l'abbiano sempre
vinta.° Io alla tua età . . . »   *should always get their way / bring it up*
Lo so, non dovrei tirarla fuori,° questa storia
dell'età, lo vedo dai loro sguardi, dai sorrisi
40 d'intesa° che si scambiano, ma qualcuno le   *knowing smiles*
deve pur dire certe verità.
«C'è ancora dell'arrosto?» ho chiesto per
cambiare discorso.

Mi piace, quando piove, andarmene a letto
45 presto con un libro, la voce del televisore che
arriva attutita dietro l'uscio.° Poi, quando alla   *muffled by the door*
fine si zittisce, è Elena che mi raggiunge in
camera.
«Ha detto il telegiornale che i Sì stanno
50 riprendendo quota.»°   *are regaining votes*
La osservo da sopra gli occhiali, cercando di
capire se è una provocazione.
«Stai tranquilla, vincerete voi» ho detto,
riprendendo la lettura.
55 «Voi chi?»
«Tu, Matteo, quelli che la pensano al contrario di me. Quelli che si illudono che questo
referendum possa cambiare qualcosa.»
Elena si corica al mio fianco,° sento il suo   *lies down next to me*
60 sospiro che sigilla la fine di un'altra giornata.
«Matteo se l'è presa.° Ci contava,° che tu gli   *took offense / he was counting on it*
prestassi la macchina.»
Non ho più voglia di parlarne. Avverto
dentro di me un sordo malumore che non ha
65 niente a che vedere° con la richiesta di Matteo.   *has nothing to do with*
È un malessere più profondo e insieme ine-
spresso, la sensazione di un isolamento. So da
dove arriva: è la constatazione° di aver perso   *proof*
la mia influenza su di loro, di non potere più
70 condizionare come un tempo le scelte di mia
moglie e di mio figlio.
«Senti come piove» dice. «Chissà se Matteo
ha preso l'ombrello.»
«A cosa gli serve la macchina?» ho chiesto
75 controvoglia,° dopo un lungo silenzio.   *unwillingly*
«Vorrebbe accompagnare Doretta sul lago.
Hanno rifatto pace.»°   *They have made up*
«Bene» mi è venuto spontaneo. «Così magari
riuscirà a dare qualche esame.»

80 «Non credi di essere troppo severo con lui?»
Ho aspettato troppo a rispondere. Lei ha
detto buonanotte, poi si è girata dall'altra
parte.° *she turned away*

Stasera è tornato infervorato, racconta che
85 in metropolitana ha ascoltato delle cose paz-
zesche, tra due giovani che discutevano su
come votare.
«E cioè?» lo incoraggio mentre stappo° il *uncork*
vino.
90 Ma niente, dice, discorsi del cavolo:° che *stupid conversation*
con i miliardi spesi per il referendum si fareb-
bero degli ospedali nuovi; che questa mania
dei referendum ci porterà a votare anche sul
tipo di carta igienica;° e ridevano anche, i due *toilet paper*
95 cretini . . .
«Forse non erano così cretini» mi è scappato
di bocca, mentre verso° dalla bottiglia. *I pour*
Elena mi guarda subito allarmata. Teme uno
scontro proprio adesso che stiamo per metterci
100 a tavola.
«Ma sì, lasciamo perdere»° fa Matteo. «Lo so *let's drop it*
che tu sei contrario a tutto.»
«A tutto no» preciso. «La Commissione In-
quirente vorrei abrogarla anch'io.»
105 «Sì, ma il resto? Ti sembra giusto che un
giudice se la passi liscia° quando sbaglia? O *gets away with it*
che un paese debba trovarsi una Cernobyl[2]
sopra la testa?»
Mi chiedo se anch'io avrei ragionato così,
110 alla sua età. Forse sì. Ma è meglio aggirare° *to avoid*
l'ostacolo.
«Allora sapete come finirà?»
C'è un attimo di suspense. Dopotutto sono
115 ancora il capotribù.° *tribal chieftain*
«Finirà che i giudici nel dubbio non faranno
arrestare più nessuno. E invece dell'energia
nucleare torneremo a usare il carbone.»
«Io dico solo che queste centrali atomiche
dovrebbero sparire» interviene Elena trascinata
120 dal suo spirito materno.

---

2. Nuclear plant in the Soviet Union that was the site of a
major nuclear disaster in 1986.

«Brava. Cosa credi che avrebbero votato un secolo fa, se avessero fatto un referendum sulle locomotive? Saremmo ancora coi tram a cavalli!»°   *horse-drawn trolleys*

125   La battuta ha avuto un certo effetto. Ci mettiamo a mangiare, tanto è chiaro che ciascuno resterà della propria idea. Invece, inopinatamente,° Matteo ha concluso: *unexpectedly*
    «Beh, in questo sono d'accordo.»
130   «Su che cosa?»
    «Sul nucleare.»
    «Meno male» ho sospirato di sollievo.
«Qualcosa ti funziona, in quella zucca.»°   *in that head of yours*
    Sorride, la canaglia,° perché sa che è il   *the rascal*
135 momento giusto per chiedere.
    «Allora me la dai, la macchina, sì o no?»

■ Esercizi di dopolettura

A. **La trama.** Narri quello che succede nel racconto e spieghi i punti indicati.

    1. Tre membri di una famiglia si siedono a tavola e cominciano a parlare . . . .
      a) Chi sono i tre membri?
      b) Cosa vorrebbe il figlio?
      c) Cosa succede domenica?
    2. Secondo il padre, la sua famiglia non è più unita come una volta . . . .
      a) A cosa pensava Matteo quando era più piccolo?
      b) Come reagiscono il figlio e la madre quando il padre si mette a parlare della sua adolescenza?
      c) Secondo il padre, su che cosa si dovrebbe fare un referendum?
    3. La sera il marito va a letto presto e si mette a leggere un libro . . . .
      a) Cosa gli dice la moglie quando anche lei va a letto?
      b) Perché, tutto ad un tratto, il marito si sente isolato?
      c) Secondo la madre, perché Matteo vorrebbe la macchina domenica prossima?
    4. Una sera, quando torna a casa, il figlio parla dei discorsi ascoltati sulla metropolitana . . . .
      a) Di che cosa parlavano i giovani sulla metropolitana?

b) Matteo è d'accordo con quello che dicevano i giovani? Perché?

c) Perché Matteo decide di nuovo di chiedere in prestito la macchina?

B. Punti di vista. La politica sembra essere un tema importante per i tre membri di questa famiglia. Ognuno ha preso la propria posizione sulla necessità ed efficacia dei referendum. Spieghi la posizione del padre, della madre e di Matteo.

C. Scenette. Prepari dei minidrammi sulle seguenti scene del racconto, inventando *(making up)* i dettagli di ogni situazione. Collabori con due o tre studenti/studentesse.

1. Matteo è a pranzo e chiede in prestito la macchina del padre.
2. Matteo telefona a Doretta e la invita ad una gita sul lago.
3. Elena, il marito e il figlio discutono l'utilità e il valore del referendum come azione politica.
4. I genitori discutono come dovrebbero trattare il proprio figlio.

D. Temi di discussione orale o scritta.

1. I conflitti fra genitori e figli
   a) Di solito, come nascono?
   b) Quali sono i diversi modi di risolvere questi conflitti?
   c) Quali sono i vantaggi e gli svantaggi di ciascun modo di risolverli?
2. Dica in quale scena il padre sente un certo malessere. Poi descriva su che cosa si basa questo malessere e come il padre riacquista fiducia *(confidence)* in se stesso.
3. Secondo lei, il padre finirà col prestare la macchina a Matteo? Perché? Descriva i motivi che lo spingeranno a prendere questa decisione.

■

La donna ideale

Giovanni Guareschi

Il titolo del racconto indica subito ciò che l'autore intende descrivere, e cioè la figura della donna ideale. In un arguto *(witty)* e vivace scambio di battute tra Alberto (il padre) e la Pasionaria (la figlia) pian piano esce fuori l'immagine della donna ideale: com'è fatta questa famosa donna ideale; che cosa deve possedere; che cosa deve saper fare; e quali qualità sono necessarie ad una donna comune per diventare la donna ideale.

Margherita, la moglie di Alberto, che pensa di tutta questa discussione? Esiste anche l'uomo ideale? Chi lo ha sposato? È Margherita per caso la donna ideale o le manca ancora qualcosa?

■ Vocabolario

Studi queste parole prima di fare gli esercizi che seguono.

Parole analoghe

Sostantivi	Aggettivi	Verbi
la cultura	efficiente	amministrare
l'eleganza	fisico/a	considerare
la personalità	intollerabile	identificarsi
la professione	modesto/a	imitare
il sarcasmo	spirituale	interessare
la vanità		significare

Faccia attenzione!

l'educazione upbringing
il familiare family member, relative

il personale figure, body

Parole nuove

Sostantivi

l'**avvenimento** event
la **campionessa** champion
la **compagna** companion
il **mestiere** trade
il **portamento** bearing
la **prestanza** good looks
la **vedova** widow
il **vestire** clothes, way of dressing

Aggettivi

affettuoso/a affectionate
autosufficiente self-sufficient
dignitoso/a dignified
insoddisfatto/a unsatisfied
piacevole pleasant
sano/a healthy
vanitoso/a vain

Verbi

assicurare to assure
discorrere to talk
evitare to avoid

Espressioni

anzitutto first of all
cavarsela to find a way out, to
  manage
il pro e il contro the pros and cons
lo stesso just the same

■ Esercizi di prelettura

A. **Espressioni.** Completi le seguenti frasi con una delle espressioni del vocabolario: *anzitutto, cavarsela, il pro e il contro,* e *lo stesso*.

1. Prima di prendere una decisione, Annamaria considera sempre . . . della situazione.
2. . . . cerca di raccogliere tutte le informazioni necessarie.
3. Anche se non ottiene tutto ciò che è necessario, prende . . . una decisione ragionevole.
4. In questo modo Annamaria . . . sempre abbastanza bene.

B. **Infiniti.** Completi ciascuna frase con l'infinito del verbo che corrisponde al sostantivo indicato.

1. Mio padre lavora nell'ufficio *amministrazione* e il suo compito è quello di . . . questo complesso di appartamenti.
2. I loro amici stavano facendo un lungo *discorso* ed io li ho interrotti, altrimenti non finivano più di . . . .
3. Francesca dice sempre di avere un problema di *identità* perché non riesce a . . . con nessuno.
4. Giovanni fa delle ottime *imitazioni;* sa . . . molti attori famosi.
5. Tua madre non ha molti *interessi,* ma questa attività potrebbe . . .la.
6. Il tuo capo non ha mai preso in *considerazione* le tue idee. Cosa ti fa pensare che adesso voglia . . . questo tuo suggerimento?
7. Non capisco proprio il *significato* di questa frase. Secondo te, cosa può . . . ?

C. Dia un senso compiuto alle seguenti frasi, completandole con la forma appropriata di due delle parole riportate fra parentesi.

   1. Come può svolgere (*develop*) una . . . Carlo se non vuole andare all'università? Spero che almeno impari un . . . .
      (avvenimento, mestiere, professione)
   2. Non pensi che la moglie del professore abbia un bel . . . ed una . . . straordinaria?
      (personalità, vestire, personale)
   3. La signora Paoli è . . . da molti anni e adesso è la . . . di quello scrittore.
      (prestanza, vedova, compagna)
   4. La nuova . . . di tennis ha risposto con . . . alle domande impertinenti del giornalista.
      (cultura, campionessa, sarcasmo)
   5. Ad alcuni uomini non interessa molto il . . . e spesso non vestono con molta . . . .
      (eleganza, vanità, vestire)
   6. Che bambina fortunata! Tutti i . . . si dedicano alla sua . . . .
      (portamento, familiari, educazione)
   7 Giangiacomo legge vari libri e pratica molti sport. Vuole migliorare la sua . . . ed il suo . . . allo stesso tempo.
      (cultura, sarcasmo, portamento)
   8. Le persone che hanno partecipato a quell'. . . avevano molta . . . .
      (prestanza, avvenimento, mestiere)

D. **Contrari.** Completi le seguenti frasi con il contrario degli aggettivi indicati.

   1. Ho bisogno di una segretaria più . . . . Quella che ho adesso è molto *inefficiente.*
   2. Quello che dici non è . . . . Perché mi racconti queste cose *spiacevoli?*
   3. Che ti ha detto il professore? È *soddisfatto* o . . . del tuo lavoro?
   4. L'azione che ha fatto Marco è appena *tollerabile,* ma la tua è veramente . . . .
   5. A Francesco interessa più l'aspetto . . . che l'aspetto *fisico* delle persone.
   6. Teresa e Milena sono due ragazze . . . , ma la loro sorella è molto *vanitosa.*
   7. Bisogna immediatamente separare i bambini . . . da quelli *malati.*

E. Completi le seguenti frasi con l'equivalente italiano delle parole fra parentesi.

1. I giovani erano molto . . . quando hanno salutato il presidente. *(dignified)*
2. Chi mi . . . che questa sia la soluzione giusta? *(assures)*
3. Sapevamo dal loro . . . che erano stranieri. *(clothes)*
4. Come possiamo . . . questi problemi? *(avoid)*
5. I figli di mio zio non sono . . . *(self-sufficient)*

La donna ideale

Giovanni Guareschi

Born near Parma in 1908, Giovanni Guareschi was a draftsman, journalist, humorist, and a writer. His fiction-writing career began in 1946 simultaneous with his beginnings as a journalist. For the next twenty years he wrote more than 330 short stories under the rubric Mondo Piccolo. *The most popular character in these stories was Don Camillo, a small-town priest who found himself in constant conflict with Peppone, the Communist mayor. Though Guareschi also wrote many stories about family life, and about love between husband and wife, most were still unpublished at the time of his sudden death in 1968.*

Guareschi's family and friends have collected his unpublished stories, which are only now being published. One of these collections is Osservazioni di uno qualunque *(1988), a series of humorous yet tender vignettes of family life revolving around four characters: the narrator, Alberto; his wife Margherita; his son Albertino, and his daughter, whom he calls* La Pasionaria[1] *because of her rebellious, fiery, and combative personality. "La donna ideale" belongs to this collection.*

NOTA DI PRELETTURA: *Durante la lettura tenga presente le seguenti domande:*

- *Secondo il narratore, che qualità dovrebbe possedere la donna ideale? Che tono usa il narratore quando descrive la donna ideale?*
- *Come reagiscono la moglie e la figlia al discorso fatto dal narratore sulla moglie ideale?*
- *Qual è la differenza tra la donna ideale descritta dal narratore e la donna che ha sposato?*

---

1. He names her after the revolutionary heroine of the Spanish Civil War, Dolores Ibarruri, known as "La Pasionaria" for her fiery personality and oratory.

La Pasionaria interruppe la lettura e levò il capo dal giornale: — Cosa sarebbe questa «donna ideale» — mi domandò. — C'è scritto lì — risposi. — È un concorso. — Questo lo
5 so — replicò la Pasionaria. — Me domando cosa significa «donna ideale». — Cercai di cavarmela:

— La donna ideale è quella che possiede tutte le doti che occorrono° a una ragazza per
10 diventare la moglie ideale, indi° la madre di famiglia ideale.

— Indi la vedova ideale — ridacchiò° Margherita continuando peraltro° a interessarsi del fumo della sua sigaretta.

15 Non la presi in alcuna considerazione: tanto più che° la Pasionaria era del tutto insoddisfatta della mia risposta.

— Per esempio — insistette — cos'è che deve avere questa donna ideale?

20 Bisognava che uscissi dal generico perché la Pasionaria è tenace e, come si suol dire, «non molla l'osso»° anche se l'osso è ricoperto di carne e baffi.

— La donna ideale — spiegai — deve pos-
25 sedere, oltre a un *minimum* di prestanza fisica, anche quel *minimum* di prestanza spirituale e morale che le permetta di essere compagna piacevole, madre affettuosa e intelligente, amministratrice oculata e via discor-
30 rendo.°

La Pasionaria scosse il capo:

— Via discorrendo va bene quando si continua a discorrere. Ma se uno dice «via discorrendo» e poi non parla più, allora significa che
35 i figli devono andarsi a far spiegare le cose dagli estranei.°

Decisi di essere esauriente:° l'intervento di estranei nell'educazione dei miei figli è sempre risultato, per me, intollerabile.

40 — La donna ideale — incominciai — deve essere anzitutto sana, robusta e di aspetto piacevole. Quindi deve avere un portamento dignitoso e deve essere di sobria ma sicura eleganza nel vestire.

45 — Esistono donne così? — domandò la Pasionaria con ostentato tono di incredulo stupore.°

qualities necessary
afterwards

giggled
instead

all the more so because

as the saying goes, "she doesn't let go of the bone"

and so forth

strangers
thorough

amazement

— Esistono sì — le assicurai mentre Margherita continuava a fumare come se le nostre
50 parole non la interessassero.

— La donna ideale deve essere autosufficiente, e ciò — continuai — non significa che essa debba limitarsi a riparare un rubinetto° o sostituire una lampadina elettrica. Essa deve
55 saper guidare un'automobile, deve saper cucinare, lavare, stirare,° cucire,° ricamare,° tagliare,° rammendare,° smacchiare,° rappezzare,° inamidare,° lucidare a cera,° spolverare,° verniciare,° tinteggiare pareti.° Inoltre
60 deve possedere un mestiere o una professione che costituiranno l'estrema riserva in caso di rovesci° finanziari o di sopravvenuta inabilità° del marito.

La Pasionaria era molto impressionata:
65 — Me² non credevo che la donna ideale doveva sapere tante cose! — esclamò.

— Da questo si comprende — dissi — che la donna ideale non può identificarsi con la svagata donna di casa° che vive ignara° del
70 mondo circostante° o ha degli avvenimenti che in esso° succedono una idea del tutto approssimativa. La donna ideale deve tenersi al corrente° degli avvenimenti nazionali ed esteri e, grazie a una cultura modesta ma
75 solida, essere in grado di far il punto° della situazione.

La Pasionaria era preoccupatissima:
— La donna ideale deve sapere anche le date storiche?
80 — Quelle essenziali. E oltre a una cultura sobria ma efficiente, deve possedere pure una personalità.

— Un bel personale, insomma — osservò la Pasionaria.
85 — Personalità — ripetei. — Il personale non c'entra.° La donna ideale deve anche saper parlare con proprietà di linguaggio in modo da evitare per esempio di dire: «Se stasse in me . . . », «Se me potrei³ andare» e roba del
90 genere.°

faucet

iron / sew / embroider cut / mend / remove spots / patch / starch / wax / dust / varnish / paint walls

disaster / sudden disability

distracted housewife / unaware / surrounding in it (the world)

stay well informed

be in a position to assess

has nothing to do with it

things like that

---

2. **Me = io.** Expression used mostly in dialects of northern Italy.   3. **Se stasse/stesse; me potrei/io potessi.** The comment refers to some people's inability to use the subjunctive correctly.

La Pasionaria si strinse nelle spalle:°   *shrugged her shoulders*

— Una può sapere benissimo il congiuntivo
ed essere, magari, una sporcacciona.°   *a filthy woman*

— Non c'entra! La donna ideale sa usare il
95 congiuntivo ed è onestissima. E, oltre a saper
usare il congiuntivo, saper cucinare, saper
amministrare la casa ed educare i figli, sa
ballare, cantare, suonare il pianoforte o la
chitarra.

100   — Magari è anche campionessa di salto in
lungo° e lancio del giavellotto° — osservò   *broadjump / javelin*
motteggiando° la Pasionaria.   *throw / joking*

— No! Non è campionessa di niente —
esclamai. — Però sa nuotare, andare in bici-
105 cletta, fare una passeggiata a piedi.

La Pasionaria ridacchiò:

— La donna ideale deve essere anche
vanitosa? — domandò.

— No. Niente vanità. Però la donna ideale
110 non gironzola per casa° coi capelli dritti in   *doesn't lounge around*
testa, drappeggiata con scialletti e sciarpe, e   *the house*
con un pullover sistemato come grembiale
posteriore° e annodato° per le maniche sul   *apron worn in*
davanti. La donna ideale non offre mai ai   *reverse / knotted*
115 familiari questi spettacoli da rivoluzione francese o da eruzione del Vesuvio!

La Pasionaria meditò lungamente sulla fac-
cenda° poi trasse° la sua conclusione: *matter / drew*

— Me dico che uno, per avere tutta quella
120 roba,° dovrebbe sposare dieci o quindici   *stuff*
donne!

— No: esistono donne che, da sole, sanno
fare ed essere tutto quel che ho detto.

— E quanto si paga d'ingresso° per andarle   *as an admittance fee*
125 a vedere? — s'informò la Pasionaria con sar-
casmo evidente.

— Non si tratta di fenomeni da baraccone:°   *circuslike*
donne di questo genere, ci sono! — replicai.

—E le altre donne dovrebbero fare ogni sforzo
130 per imitarle.

La Pasionaria scrollò le spalle.

— Me[4] non mi interessa di diventare come

---

4. **me** = a me. Expression used for emphasis, in which
case *mi* should be omitted. Its inclusion shows that the
daughter isn't very concerned about correct usage.

un'altra donna. Me[4] mi basta di essere me . . .

E poi si fa presto:° se una non è una donna — *it's easy to say*
135 ideale, basta che sposi l'uomo ideale e tutto è a
posto° lo stesso. — *O.K.*

Margherita uscì dal suo riserbo:° — *reserve*

— L'uomo ideale! — esclamò, con voce
lontana. — E dove lo potrai trovare? Ce n'era
140 uno solo, al mondo, e l'ho sposato io.

La Pasionaria considerò il pro e il contro e
concluse:

— Meno male.

La pendolina snocciolò° dieci tocchi ed era — *struck*
145 una fresca mattina. Allora Margherita si alzò e,
lentamente, si avviò verso la porta che dà sul
corridoio.

Aveva la vestaglia ficcata° dentro i panta- — *thrust*
loni del pigiama, un pullover verde sistemato a
150 mo' di° grembiale posteriore e annodato per le — *(= a modo di)*
maniche sul davanti, una salvietta gialla a mo'
di sciarpone al collo. Portava uno sciallino
azzurro sui capelli. Calzava le mie scarpe da
montagna imbottite.

155 Giunta sulla porta ristette e si volse:° — *stopped and turned*
— Alberto — disse — domani comprami — *around*
una chitarra.

Poi la donna ideale disparve, lasciando
dietro di sé un sentore acre° di rivoluzione — *bitter*
160 francese e di rovente° lava vesuviana. — *red-hot*

■ Esercizi di dopolettura

A. **Comprensione del racconto.** Risponda alle seguenti domande
basate sul racconto.

1. Chi sono gli interlocutori della conversazione che avviene nel
racconto? Di che cosa parlano?
2. Chi è Margherita? Come partecipa alla conversazione? Cosa
dice? Cosa fa?
3. Secondo Margherita, esiste l'uomo ideale? Quanti ce ne sono
al mondo?
4. Paragoni Margherita alla donna ideale. In che modo è simile
o diversa? Com'è il suo aspetto esteriore?
5. Discuta il tono che usa il narratore mentre parla della donna
ideale. Sta scherzando? Sta parlando seriamente?
6. Secondo lei, Alberto si riferisce alla moglie mentre parla della
donna ideale? La sta criticando? La sta stimolando (*provok-ing*)? Spieghi.

B. **La sua donna ideale.** Insieme ad un altro studente/un'altra studentessa, discuta l'importanza o l'irrilevanza delle seguenti qualità che il narratore attribuisce alla donna ideale.

1. Parlare correttamente senza fare errori di grammatica
2. Interessarsi a quello che succede nel mondo
3. Praticare con entusiasmo vari sport
4. Conoscere bene gli avvenimenti del mondo
5. Vestire in maniera sobria ed elegante
6. Sapere lavare e cucinare
7. Essere preparate per lavorare fuori casa
8. Avere molta personalità
9. Essere moglie e madre eccezionale
10. Sapere essere autosufficiente

C. **Inchiesta.** Faccia le seguenti domande ad un gruppo di tre o quattro studenti/studentesse per conoscere le loro opinioni.

1. Secondo te, esiste la donna/l'uomo ideale? Quali sono le sue caratteristiche?
2. Fra le donne/gli uomini che conosci, chi si avvicina di più alla figura della donna/dell'uomo ideale? Perché?
3. Nel mondo politico-economico o dello spettacolo, quale figura può essere definita l'uomo o la donna ideale?
4. Quali caratteristiche ideali dovrebbe avere l'uomo o la donna che intendi sposare?

D. Temi di discussione orale o scritta.

1. Descriva il rapporto fra il narratore e la Pasionaria. La ragazza è d'accordo con le idee del padre? Come reagisce a quello che dice Alberto? Accetta passivamente o rifiuta le opinioni di Alberto? È giustificato il soprannome *(nickname)* che Alberto ha dato alla figlia? Perché?
2. Descriva la reazione di Margherita ai commenti del marito. È offesa? Si ribella? È arrabbiata? È indifferente? Si sente sicura di sé e del rapporto che lei ha con il marito? Cosa significa la sua richiesta di una chitarra?
3. Commenti la famiglia descritta dall'autore in questo racconto. È una famiglia italiana tradizionale? Che tipo di rapporto esiste fra i membri della famiglia? Spieghi.
4. Cosa pensa Alberto della differenza tra Margherita e la donna ideale? Paragoni la versione della donna ideale secondo Alberto e la donna ideale secondo i criteri di oggi.

· III ·

L'individualismo e la società

· III ·

L'individualismo
e la società

Nel corso della propria vita l'essere umano viene a contatto con persone ed istituzioni pubbliche e crea in questo modo una serie continua di rapporti. Ognuno di questi rapporti rispecchia uno stato d'animo diverso. Tra i più comuni ci sono quelli d'amore, d'amicizia, d'odio e di gelosia.

Di solito all'italiano piace sviluppare rapporti umani con le persone che lo circondano. In casa è facile per lui avere rapporti affettivi con i membri della famiglia e fuori casa stabilisce facilmente rapporti cordiali con amici e colleghi di lavoro. Mentre è così socievole e ben disposto verso la famiglia e le proprie amicizie, l'italiano è invece molto individualista nei confronti delle istituzioni pubbliche del paese.

L'italiano generalmente considera lo stato, la legge, la burocrazia, i politici e la Chiesa stessa come un qualcosa da combattere, da evitare o quanto meno ignorare. Odia la burocrazia, le lunghe file e il disservizio degli uffici pubblici, benché spesso egli stesso sia impiegato nella pubblica amministrazione e quindi sia parte dello stesso problema che combatte. La contraddizione della società è che ciascuno pretende che la legge sia rispettata ancora di più dagli altri.

L'altra contraddizione notevole è che la maggior parte degli italiani si proclama cattolico e molto religioso, ma raramente entra in chiesa o contribuisce in maniera sostanziosa al mantenimento di essa. Solo nelle grandi feste religiose o in occasione di matrimoni e funerali si risveglia in lui lo spirito cattolico.

Nei confronti della politica, l'italiano va dall'odio verso politici incompetenti ad un disinteresse totale della vita pubblica. Anche qui, fatte poche eccezioni, l'italiano è causa del suo male. Elezione dopo elezione, egli vota sempre per lo stesso partito politico. I governi cadono uno dopo l'altro, ma stranamente gli uomini politici al potere sono sempre gli stessi. E intanto gli anni passano.

■ Esercizi di comprensione

A. **Vero o falso?** Indichi se le seguenti frasi sono vere o false, secondo il contenuto della lettura.

1. L'essere umano crea rapporti con altre persone.
2. Uno dei rapporti che lega *(ties)* le persone tra di loro è l'amicizia.
3. L'italiano è poco socievole e non sviluppa facilmente rapporti con altra gente.
4. Di solito per l'italiano non è difficile stabilire rapporti cordiali anche al di fuori della famiglia.
5. Gli italiani non hanno molta fiducia nelle istituzioni pubbliche del paese.
6. Le lunghe file e la burocrazia sono alcuni aspetti della vita che non piacciono agli italiani.
7. L'italiano è molto legato alla Chiesa e partecipa con entusiasmo a tutte le manifestazioni religiose.
8. L'elettore italiano non vota mai per lo stesso partito politico.

B. Prepari il seguente esercizio per poi partecipare ad una discussione di gruppo.

1. Faccia una lista di altri rapporti umani oltre a quelli elencati nella lettura.
2. Dia tre esempi di inefficienza della burocrazia del suo paese.
3. Dica quali sono gli atteggiamenti *(attitudes)* degli americani verso le istituzioni pubbliche.
4. Dia alcuni esempi attraverso i quali gli americani manifestano la loro religiosità.

C. **Intervista.** Faccia le seguenti domande ad uno o due studenti/ studentesse per sapere quali sono le loro opinioni sui rapporti umani.

1. È necessario per te stabilire rapporti con altre persone? Perché?
2. Secondo te, quali sono i rapporti più importanti e più significativi della vita? Perché?
3. Riesci facilmente a stabilire rapporti al di fuori della tua famiglia? Dove? Che tipi di rapporti?
4. Chi pensi che sia più gregario, l'italiano o l'americano? Dà un esempio o una spiegazione.
5. In quali occasioni si riunisce la tua famiglia? Sono occasioni allegre o tristi?

6. Quali sono i tuoi sentimenti verso le istituzioni pubbliche?
7. Hai una buona opinione delle persone che sono in politica?
8. Sei religioso/a? In che modo dimostri la tua solidarietà religiosa?
9. In che modo partecipi alla vita pubblica del tuo paese?

■ Il dettaglio dell'affresco *(fresco)* di Ambrogio Lo-
renzetti che si trova nel Palazzo Pubblico *(City
Hall)* di Siena mostra gli effetti positivi di un
governo giusto e responsabile. Nelle strade ci
sono ordine, attività e una volontà generale di
lavorare.

■ In Italia l'elemento religioso si combina spesso con quello secolare. Questa scena a Bologna è tipica della società italiana.

■ Ci vuole un carattere molto forte per vincere la
burocrazia delle istituzioni stabilite dallo Stato.

■

La 501 della Provvidenza

Piero Chiara

In questo racconto l'autore descrive con ironia l'azione di un benefattore nei confronti di don Fardella, un prete *(priest)* che assiste orfani di guerra. L'oggetto dato in regalo è una Fiat 501, una vecchia ma potente automobile. Perché il benefattore regala la sua macchina proprio ad un prete? Forse pensa che la Provvidenza sia dalla parte dei più deboli e più poveri.

Infatti è noto che molte persone credono all'intervento della divina Provvidenza nelle azioni umane. Ma a volte anche l'intervento della Provvidenza non è facilmente comprensibile.

■ Vocabolario

Studi queste parole prima di fare gli esercizi che seguono.

Parole analoghe

Sostantivi	Aggettivi	Avverbi
il barbiere	potente	evidentemente
il benefattore		miracolosamente
la conseguenza		
il difetto		
la marmellata		
la Provvidenza		

Faccia attenzione!

bloccarsi   to get stuck   **simile**   similar
l'incidente   accident   **sistemare**   to arrange, settle

Parole nuove

Sostantivi

l'**accaduto** event
l'**automezzo** motor vehicle
il **colpo** hit
il **danno** damage
il **macchinone** big car

il **prete** priest
il **rettilineo** straight stretch of road
la **ruota** wheel
l'**urto** crash

Aggettivi

grave serious
illeso/a unhurt
irriconoscibile unrecognizable

riparato/a fixed, repaired
sicuro/a safe

Verbi

capitare to happen
capottare to overturn
caricare to load

consegnare to deliver
guastare to break; to ruin, spoil
regalare to give as a gift

Espressioni

avere in regalo to receive as a gift
certe volte at times

intanto to begin with, for one thing

Parole nuove in contesto

— Sai che ieri ho avuto un *incidente* con la macchina?
— Davvero? Ti sei fatto male?
— No. Per fortuna sono rimasto *miracolosamente illeso*.
— E la macchina si è guastata molto?
— Sì, nell'*urto* la macchina ha avuto *danni* notevoli. Sarà impossibile ripararla.
— E con chi hai avuto l'incidente?
— Con un *prete*. Evidentemente il suo *automezzo* aveva un *difetto* nel motore.
— Sei stato proprio fortunato! Certe volte le *conseguenze* di incidenti automobilistici sono molto *gravi*.

■ Esercizi di prelettura

A. Completi il seguente brano con la forma giusta delle seguenti parole. Usi ogni parola una volta sola.

macchinone   sicuro
consegnare   potente

Al signor Benedetti piacciono le macchine . . . . Si sente più . . . quando guida un'automobile grande. Ieri è andato a comprare un . . .

di marca tedesca. Il rivenditore ha detto che gli . . . la nuova macchina fra una settimana.

B. **La parola giusta.** Scelga la parola giusta della colonna B per ogni definizione della colonna A. Ci sono due elementi in più nella colonna B.

A	B
1. Un uomo che dedica la propria vita al servizio religioso	a. irriconoscibile
2. Strada lunga senza curve	b. accaduto
3. Aggettivo che descrive quello che non identifichiamo facilmente	c. grave
4. Sinonimo di *macchina*	d. marmellata
5. Di solito si mangia con il pane tostato	e. benefattore
6. Una persona che fa il bene agli altri	f. prete
7. Un sinonimo di *aggiustato*	g. colpo
8. Chi taglia i capelli degli uomini	h. riparato
9. La macchina si muove su di essa	i. illesa
10. Aggettivo che descrive una condizione seria	j. rettilineo
11. Lo è una persona che non si è fatta male	k. automezzo
	l. ruota
	m. barbiere

C. **Che vacanze!** Completi il seguente racconto usando la forma appropriata di uno dei verbi indicati.

capottare	guastare	sistemare
capitare	caricare	bloccarsi

1. Un mese fa a Marco . . . un brutto incidente.
2. Prima di partire per le vacanze, . . . le valige sulla macchina.
3. Poi Marco . . . la bicicletta sulla parte posteriore (*rear*) dell'auto.
4. Mentre guidava sull'autostrada, i freni . . . e la macchina è andata a . . . in un campo.
5. È chiaro che questo accaduto gli . . . le vacanze.

D. **Sinonimi.** Scelga il sinonimo corretto delle parole indicate.

1. Mia cugina Alessandra ha un cane *simile* al tuo.
   a) uguale
   b) potente
   c) irriconoscibile

2. Glielo hanno *regalato* i suoi genitori per il suo compleanno.
   a) accaduto
   b) dato
   c) sistemato
3. Un giorno il cane è stato coinvolto in un incidente su un *rettilineo* vicino casa.
   a) difetto
   b) colpo
   c) pezzo di strada diritta
4. L'incidente non è stato molto *grave*.
   a) danno
   b) illeso
   c) serio
5. *Intanto* il motociclista non si è fatto male.
   a) Evidentemente
   b) Miracolosamente
   c) Per prima cosa
6. E poi, grazie *alla Provvidenza*, anche il cane è rimasto illeso.
   a) al benefattore
   b) a Dio
   c) al prete

La 501 della Provvidenza

Piero Chiara

Piero Chiara was born in 1913 on the shores of Lago Maggiore, in northern Italy, a region whose provincial towns are depicted in lively detail in many of the author's short stories. Toward the end of the Second World War, Chiara was forced to leave the country for political reasons. He moved to Switzerland, where he took up a job teaching Italian until his return from exile. Once back in Italy, Chiara began working for Corriere della sera, *the Milanese newspaper.*

Like Rodari, Benni, and Guareschi, Chiara wrote fiction while he worked as a journalist. In fact, several of his stories first appeared in the newspaper he worked for. In 1983, he collaborated on the publication of a collection of some of these stories. The book, entitled 40 storie negli elzeviri del "Corriere," *was highly acclaimed by the literary world. In general, all of Chiara's writings, including his novels and essays, were always successfully received by readers and critics alike.*

Chiara's short-story collection Di casa in casa, la vita *was published in 1988, two years after the author's death. Many of the stories in this book are autobiographical; others are portraits of characters and events in Chiara's hometown.* "La 501 della Provvidenza" *belongs to this collection.*

NOTA DI PRELETTURA: *Durante la lettura tenga presente le seguenti domande:*

- *Quali sono i motivi che spingono il benefattore a regalare la Fiat?*
- *Che cosa sa il benefattore? Il prete è al corrente (aware) dello stesso problema?*
- *Secondo il benefattore, quali persone aiuta spesso la Provvidenza?*

L'automobile di don° Fardella era una Fiat 501 che il prete aveva avuto in regalo da un benefattore.

Al benefattore era capitato, con quell'auto,
5 un incidente. Si era infilato,° dopo un urto contro un carretto, dentro un fosso,° senza conseguenze per lui e per le persone che aveva a bordo, ma con gravi danni all'automezzo.

Il meccanico, quando gli consegnò la 501
10 riparata, gli disse in un orecchio: «Nei suoi panni,° Commendatore,[1] questa macchina la venderei. Intanto è vecchia, poi dopo un colpo simile non si sa mai.° Domani si potrebbero bloccare i freni in velocità, potrebbe cedere
15 una balestra° o rompersi lo sterzo».°

Il benefattore, che aveva famiglia, decise allora di regalare la macchina a don Fardella, che aveva aperto, in quegli anni tra il 1928 e il 1930, un istituto per i figli dei barbieri morti in
20 guerra e aveva bisogno d'un mezzo per andare e venire dalla villa nella quale aveva sistemato gli orfani.

Don Fardella viaggiava sempre con a fianco° uno dei suoi orfani, per farsi dare una
25 mano° a caricare ceste di pane o di verdura. Certe volte portava, oltre all'orfano, una delle tre o quattro monache° che governavano la biancheria e facevano funzionare° la cucina del suo istituto.

30 «Con la Provvidenza che lo aiuta così evidentemente» aveva pensato il benefattore «a don Fardella non capiterà mai nulla di male,

Reverend

Had slipped into ditch

In your shoes

one never knows

leaf spring / steering wheel

at his side
to have him lend a hand
nuns
managed

---

1. Title given by the Italian Republic to honor-deserving citizens.

anche se la macchina può avere qualche difetto.»

35 Dell'incidente che gli era capitato e delle
previsioni del meccanico, non disse nulla al
prete, per non togliergli sicurezza° e anche per   *so as not to undermine*
non guastargli il piacere di stare al volante°   *his confidence / at*
d'un macchinone così potente e sicuro.   *the wheel*

40 Dopo quasi un anno che la Fiat 501 faceva il
suo servizio, un giorno, sul rettilineo della
Cabianca perse una ruota. Don Fardella fece in
tempo a vedersela filare° davanti sulla strada,   *to see it spin*
prima che la macchina desse di cozzo° contro   *crashed*
45 l'angolo della cascina° per poi capotare in un   *farmhouse*
prato.

Il prete uscì da sotto la 501 irriconoscibile,
perché gli si era rovesciato addosso° un sec-   *had spilled all over*
chio di marmellata che aveva caricato poco   *him*
50 prima, ma senza nulla di grave. La monaca
ruppe una gamba e l'orfano restò miracolosamente illeso.

Quando il benefattore andò in visita all'Istituto, don Fardella gli raccontò l'accaduto: «Un
55 bagno di marmellata e tre o quattro ammacca-
ture scomparse° dopo otto giorni. Una gamba   *bruises that*
rotta a suor Giacomina e l'orfano illeso».   *disappeared*

«È stata la Provvidenza» esclamò il benefattore. «L'automobile è un mezzo pericoloso, ma
60 quando si ha dalla propria parte° la Provvi-   *on one's side*
denza, non si deve temere di nulla.»

■ Esercizi di dopolettura

A. **Comprensione.** Completi le seguenti frasi secondo il contenuto
del racconto.

1. Mentre guida la Fiat 501, al benefattore capita . . .
2. Il meccanico suggerisce al benefattore di . . . .
3. Il prete riceve in regalo . . . .
4. Don Fardella dirige . . . .
5. Un giorno mentre Don Fardella guida la Fiat con
   a fianco . . . .
6. Quando il prete esce dalla macchina è irriconoscibile
   perché . . . .
7. Nell'incidente suor Giacomina si rompe . . . .
8. L'orfano invece rimane . . . .
9. Il benefattore dice che l'automobile . . . .
10. Dice anche che la Provvidenza . . . .

B. **Cosa succede?** Risponda con frasi complete alle seguenti domande per raccontare la trama *(plot)* del racconto.

1. Chi è il primo proprietario della 501?
2. Che cosa gli capita un giorno?
3. Perché decide di regalare la 501 a don Fardella?
4. Perché il prete ha bisogno di una macchina?
5. Perché il prete non viaggia mai solo?
6. Secondo il benefattore, perché al prete non può capitare niente di male?
7. Cosa succede al prete un giorno, mentre guida su un rettilineo?
8. Dove va a finire la macchina?
9. Chi è insieme al prete nella macchina?
10. Rimangono tutti illesi in questo secondo incidente?
11. Che commenti fa il benefattore quando il prete gli racconta l'accaduto?

C. **Dialoghi.** Prepari brevi dialoghi per ciascuna delle seguenti situazioni con un altro studente/un'altra studentessa. Poi presentate i dialoghi alla classe.

1. Il dialogo fra il benefattore ed il meccanico dopo che la macchina è stata riparata.
2. Il dialogo fra il benefattore e don Fardella, quando il primo va dal prete per regalargli la sua macchina.
3. Il dialogo fra il benefattore e don Fardella dopo l'incidente.

D. Temi di discussione orale o scritta.

1. Parli delle attività di don Fardella e descriva i sentimenti che avrebbe dovuto provare *(must have expressed)* nel ricevere in regalo la 501.
2. Lei cosa pensa della generosità del benefattore? Perché?
3. Spieghi perché il benefattore non dice al prete che aveva avuto un incidente con la macchina.
4. Descriva come il benefattore giustifica il suo senso di colpa *(sense of guilt)* alla fine del racconto. Lei cosa pensa di questa giustificazione? Le sembra valida?

Storia d'un falegname e d'un eremita

Gianni Celati

In questo racconto lo scrittore ci presenta due strani personaggi: un falegname e un eremita che vivono in un piccolo paese della pianura padana *(the Po river valley)*. Per motivi diversi ognuno di loro è alla ricerca di una vita solitaria lontana dal mondo, dalla gente e dalla famiglia. La conclusione del racconto svelerà *(will reveal)* l'ironia della scelta fatta dai due personaggi.

■ Vocabolario

Studi queste parole prima di fare gli esercizi che seguono.

Parole analoghe

Sostantivi	Aggettivi	Verbi
il ciclista	condannato/a	concludere
il fatto	falso/a	decidersi
l'obiezione	sufficiente	dichiarare
la storia		procedere

Parole nuove

Sostantivi

l'avvocato lawyer
la causa legal suit, case
il diritto right
il giudice judge
il legale lawyer
il processo trial (parola associata con la legge)

il testimone witness
la testimonianza testimony
il tribunale court
l'udienza hearing

Altri sostantivi

l'**aiutante** helper, assistant
la **capanna** hut
l'**eremita** hermit
il **falegname** carpenter

il **guidatore** driver
il **pescatore** fisherman
la **spesa** expense

Aggettivi

avverso/a opposing; unfavorable, adverse

grosso/a big, huge
stupefatto/a astonished

Verbi

accorgersi (di) to realize
affrontare to face
assistere (a) to witness; to assist
esporre to set forth
investire to run over

licenziare to dismiss, fire
proporre to suggest
risarcire to compensate
ritirarsi to retire
rivolgersi (a) to turn (to)

Espressioni

da poco not long ago
da tempo for a long time

infine in the end
siccome since

■ Esercizi di prelettura

A. **In tribunale.** Completi le seguenti frasi con la parola appropriata.

1. Dopo un incidente stradale, un ciclista va da un . . . perché lo aiuti.
   (pescatore, avvocato)
2. Qualche giorno dopo, il ciclista si presenta in . . . .
   (tribunale, capanna)
3. Né il . . . né i . . . a favore del ciclista si presentano in tribunale.
   (legale/testimoni; guidatore/diritti)
4. Allora il . . . chiede al ciclista di presentare direttamente il proprio caso.
   (processo, giudice)
5. Ma il ciclista non riesce a difendersi bene e perde la . . . .
   (causa, spesa)
6. Quindi deve pagare il costo del . . . .
   (diritto, processo)

B. **Contrari.** Completi le seguenti frasi con il contrario degli aggettivi indicati.

1. Durante la causa l'avvocato non le ha fatto *piccole* obiezioni, ma gliene ha fatta una . . . .

2. L'evidenza era *insufficiente,* ma la testimonianza è stata . . . .
3. Quello che avevano scritto sui giornali non era *vero;* era tutto completamente . . . .
4. Il risultato finale della causa non le è stato . . . , ma *favorevole.*
5. Il giudice l'ha *assolta (acquitted)* nonostante che i giornali l'avessero già . . . .
6. La gente non è rimasta *indifferente.* Anzi, era piuttosto . . . del risultato della causa.

C. Una spesa improvvisa. Completi le seguenti frasi con la forma appropriata di uno dei verbi indicati.

1. Ieri mentre andavo in motocicletta, . . . un cane.
   (investire, affrontare)
2. Lì vicino c'erano due persone che . . . all'incidente.
   (procedere, assistere)
3. Allora . . . a loro per sapere di chi fosse il cane.
   (accorgersi, rivolgersi)
4. Non lo sapevano. Quindi mi . . . di andare in questura *(police station).*
   (proporre, esporre)
5. Allora sono andato in questura ed . . . il fatto ad un poliziotto.
   (affrontare, esporre)
6. Al poliziotto . . . in tutti i particolari la dinamica dell'incidente.
   (affrontare, dichiarare)
7. Quando più tardi è arrivato il padrone *(owner)* del cane, gli ho detto che ero disposto a . . .gli le spese del veterinario.
   (risarcire, assistere)

D. Minidialoghi. Completi i seguenti minidialoghi con l'equivalente italiano delle parole fra parentesi.

1. — Sei qui . . . ? *(for a long time)*
   — No, sono arrivato . . . . *(not long ago)*
2. — . . . perché non gli hanno dato il lavoro? *(In the end)*
   — Perché gli hanno fatto delle . . . . *(objections)*
3. — Sai perché il vecchio Carlo vive come un . . . ? *(hermit)*
   — No. Non conosco la sua . . . . *(story)*
   — . . . aveva perso tutte le sue ricchezze, è andato a vivere da solo vicino al fiume. *(Since)*
4. — Gli hanno detto che se non lavora con più attenzione lo . . . . *(they will dismiss)*
   — Perché?
   — Perché le parole non sono più sufficienti. A questo punto contano solo i . . . . *(facts)*

Storia d'un falegname e d'un eremita

Gianni Celati

Gianni Celati was born in 1937 in Sondrio, a small city near Milan. Celati began writing in the seventies, but during the following decade published nothing. Finally, three of his works appeared in the eighties: Narratori delle pianure *(1985),* Quattro novelle sulle apparenze *(1987), and* Verso la foce *(1989).*

Celati was awarded two literary prizes for Narratori delle pianure, *from which "Storia d'un falegname e d'un eremita" was taken. In this collection, the author transcribes tales he was told by storytellers who live along the banks of the Po River. The straightforwardness and simplicity of "Storia d'un falegname e d'un eremita" reflect its simple origins, whose flavor Celati has successfully captured.*

NOTA DI PRELETTURA: *Durante la lettura tenga presente le seguenti domande:*

- *Quali sono i motivi che spingono (push) il falegname a cercare una vita solitaria?*
- *Quali sono le caratteristiche che hanno in comune il falegname e l'eremita? In che modo sono diversi questi personaggi?*
- *Infine il falegname prende una decisione. Perché prende quella decisione?*
- *Dalla descrizione dell'autore, che cosa si può dedurre sull'amministrazione della giustizia a Ficarolo?*
- *Quali sono le svolte (turning-points) più importanti del racconto (per esempio, nella vita del falegname)?*

C'era un uomo che abitava a Ficarolo, in provincia di Ferrara, era un falegname. Una sera tornando a casa in bicicletta, in una stradina che immette° sulla piazza del paese,   *leads into*
5 veniva investito° da una macchina di fore-   *was run over*
stieri° perché pedalava troppo lentamente.   *strangers*
Siccome nella macchina c'erano altri due passeggeri, e nessun testimone aveva assistito all'incidente, è stato facile per il guidatore
10 sostenere che il ciclista gli aveva tagliato la strada.°   *cut in front of him*

Dopo alcune settimane d'ospedale il falegname si rivolge a un avvocato per essere assistito nel processo. Questo avvocato pro-
15 pone un accordo con la parte avversa, mostrando di dubitare che la sola testimonianza del falegname sia sufficiente a vincere la

causa. Quanto al° falegname, poiché da una parte° non capisce neanche la metà delle
20 obiezioni dell'avvocato, e dall'altra° insiste sul suo buon diritto ad essere risarcito, alla vigilia° dell'udienza licenzia il legale e decide di affrontare il processo da solo.

Si presenta dunque da solo in tribunale,
25 sostenendo che di avvocati non ce n'è bisogno in quanto° lui ha ragione e deve essere risarcito.

Dopo varie obiezioni a procedere e la convocazione d'un difensore d'ufficio,° final-
30 mente viene il momento in cui i passeggeri della macchina sono chiamati a deporre.° E qui il falegname, accorgendosi che ogni parola dei testimoni è falsa, rimane così stupefatto che non vuol neanche più parlare col suo
35 difensore d'ufficio; e, quando infine è sollecitato° dal giudice ad esporre la sua versione dei fatti, dichiara di non aver niente da dire e che tutto va bene così.

È dunque condannato a pagare i danni
40 dell'incidente, oltre alle spese del processo.

Pochi giorni dopo vende tutta l'attrezzatura della falegnameria° al suo aiutante, che da tempo desiderava mettersi in proprio,° cedendogli anche la bottega e la licenza d'esercizio.°
45 Torna a casa e resta seduto su una sedia in cucina per una settimana, rispondendo sempre nello stesso modo alla moglie che gli fa domanda: che ha caldo alla testa e non può parlare con lei.

50 Per un'altra settimana resta seduto in un bar a guardare la gente che passa sulla piazza, e una sera invece di tornare a casa si avvia° fuori dal paese. Si avvia a piedi verso l'argine° del Po; e dopo molto camminare, nell'alba° arriva
55 ad una capanna dove abita un pescatore eremita.

Questo eremita è un ex campione di automobilismo° che, dopo essersi ritirato dalle corse, aveva aperto un'officina meccanica
60 dove venivano "truccati",° ossia potenziati, i motori di vetture sportive.° Stancatosi però di quel lavoro e dopo aver letto molti libri di psicologia, s'era deciso a diventare eremita

As for the
on the one hand...
on the other hand
eve

since

public defender

to testify

is urged

equipment of the
carpentry shop / to
start his own
business / business
license

sets out
riverbank
at dawn

ex-car-racing
champion

"souped up" (made
more powerful) /
sports cars

pescatore e s'era ritirato a vivere in una ca-
65 panna sulle rive° del Po.   *on the banks*

La capanna dell'eremita era fatta di vecchie
lamiere° e altri materiali di recupero;° sopra la   *sheet metal / scrap*
porta un pannello diceva GOMME MICHELIN.

Il falegname sa che l'eremita s'è ritirato a
70 vivere in quella capanna perché non vuole più
parlare con nessuno. Dunque appena arrivato
non gli rivolge la parola, si siede e si mette a
guardare il fiume.

È d'estate, e per circa un mese i due vanno a
75 pescare assieme° e dormono nella stessa ca-   *(= insieme)*
panna sempre in silenzio.

Una mattina il falegname si sveglia e l'eremita non c'è più, perché è andato ad anne-
garsi° nel fiume, sotto il vecchio ponte di   *to drown*
80 Stellata.

Quel giorno il falegname ha modo di°   *has occasion to*
assistere da lontano al salvataggio° dell'ere-   *rescue*
mita, che peraltro nuota benissimo e avvolto°   *wrapped*
in una coperta viene portato via dalla moglie, a
85 bordo d'una grossa macchina sportiva, conclu-
dendo la sua carriera di eremita.

Il falegname è tornato in paese e ha chiesto
al suo aiutante di assumerlo come aiutante,
nella sua vecchia bottega. Così è stato. Il
90 falegname vive ancora e solo da poco è andato
in pensione.°   *has retired*

■ Esercizi di dopolettura

A. **Comprensione.** Dica quello che succede nel racconto. Indichi
l'effetto causato dai seguenti eventi.

1. Mentre il falegname torna a casa in bicicletta, è investito da
   un'automobile.
2. Quando esce dall'ospedale il falegname vuole essere risarcito.
3. Poi il falegname decide di licenziare l'avvocato.
4. In tribunale i passeggeri della macchina danno tutti falsa
   testimonianza.
5. Dopo poco il falegname vende la falegnameria al suo
   aiutante.
6. L'eremita che vive nella capanna non vuole parlare con
   nessuno.

7. Un giorno l'eremita va a buttarsi *(jump)* nel fiume.
8. Dopo essere stato salvato dalla moglie, l'eremita torna a casa con lei.

B. **Dialoghi.** Insieme con un altro studente/un'altra studentessa, prepari i seguenti dialoghi.

1. Il falegname dice al suo aiutante di volergli vendere la falegnameria.
2. Dopo l'esperienza con l'eremita, il falegname torna in paese e chiede lavoro al suo ex aiutante.

C. **Minidrammi.** Insieme con un gruppo di due o tre studenti/studentesse, crei delle scenette *(skits)* dalle seguenti situazioni del racconto.

1. L'incidente del falegname
2. Il processo del falegname
3. La vita del falegname e dell'eremita nella capanna vicino al fiume
4. L'eremita che viene salvato dalla moglie dopo essersi buttato nel fiume

D. Temi di discussione orale o scritta.

1. Parli dei motivi per cui il falegname e l'ex campione di automobilismo decidono di diventare eremiti. Sono gli stessi motivi? Sono diversi? Spieghi.
2. Commenti il senso di impotenza e futilità che il falegname sente di fronte al fallimento del sistema giudiziario.
3. Discuta i vantaggi e gli svantaggi della vita di un eremita.
4. Esamini le ragioni per cui l'ex campione decide di buttarsi nel fiume. Vuole attrarre su di sé l'attenzione della moglie e della gente? Desidera per caso reinserirsi *(rejoin)* nel mondo che aveva lasciato da qualche tempo?
5. Analizzi la decisione che prende il falegname quando rimane solo nella capanna. Perché anche lui decide di ritornare in società? Cosa gli ha insegnato la vita da eremita?

· IV ·

La vita e il progresso

· IV ·

La vita e il progresso

Attraverso i secoli le scoperte e le invenzioni dell'uomo hanno causato continui cambiamenti nel modo di pensare e di vivere dell'umanità. Senza elencare tutte le innovazioni più importanti, ricordiamo qui la scoperta dell'elettricità e la creazione dell'energia nucleare. Questa continua evoluzione della vita umana è oggi chiamata progresso. Ma che cos'è il progresso se non il movimento naturale dell'umanità verso forme di maggiore benessere e cultura? In altre parole, il progresso è l'aspetto positivo dell'azione intelligente dell'uomo.

Però il progresso della scienza e della tecnica non ha sempre prodotto dei miglioramenti per la società. Oggi la gente discute spesso l'irresponsabilità della scienza e del progresso scientifico. Infatti la creazione di armi micidiali *(deadly)* porta con sé la possibile distruzione in breve tempo di intere nazioni e perfino del mondo. Infine si discute anche il vuoto *(emptiness)* spirituale delle società più avanzate, interessate più che mai solo allo sviluppo del consumismo.

Ovviamente anche l'Italia è stata coinvolta in

questi cambiamenti e il suo progresso è stato formidabile. La rivoluzione industriale di quest'ultimo secolo ha cambiato moltissimo le idee ed i costumi degli italiani. Dal dopoguerra in poi, lo sviluppo dell'industria meccanica ed automobilistica ha portato l'economia italiana a livelli molto alti. Da paese prevalentemente agricolo, l'Italia è diventata una delle maggiori nazioni industriali del mondo.

Ma così com'è accaduto in altre parti del mondo, anche l'Italia ha subito gli effetti negativi del progresso: l'inquinamento del mare e dell'aria, il caos automobilistico, i rumori assordanti *(deafening)*, il degrado dell'ambiente e la distruzione di bellezze naturali. Negli ultimi anni il governo ha emanato leggi e regolamenti per rimediare a tutto ciò, ma c'è ancora molto da fare. Spesso si discute molto, ma si fa poco. Fra tante discussioni però, alla fine una cosa sola è molto chiara. Il responsabile dello sviluppo corretto della società in cui viviamo è l'essere umano e non il progresso.

■ Esercizi di comprensione

A. **Vero o falso?** Indichi se le seguenti frasi sono vere o false secondo il contenuto della lettura.

1. Tutti gli aspetti del progresso scientifico sono positivi per l'umanità.
2. Il vuoto spirituale è un aspetto positivo del progresso.
3. Dal dopoguerra, in Italia c'è stato molto progresso economico.
4. Uno dei risultati negativi del progresso è l'inquinamento.
5. Per salvare l'ambiente, è necessario solo che tutti siano d'accordo sulle soluzioni.
6. L'uomo non deve occuparsi dello sviluppo della società.

B. **I vantaggi e gli svantaggi.** Insieme con un altro studente/ un'altra studentessa dia tre innovazioni dovute al progresso scientifico degli ultimi dieci anni. Prepari poi un elenco dei vantaggi e degli svantaggi di queste innovazioni e li discuta.

C. **Sondaggio.** Faccia le seguenti domande a due o tre studenti per conoscere le loro opinioni sul progresso.

1. Secondo te, che cos'è il progresso?
2. Quali sono gli aspetti positivi del progresso? Quali sono i negativi?
3. Qual è uno dei più recenti sviluppi del progresso nella tua città? La reazione della gente è stata positiva o negativa? Spiega.
4. Secondo te, il progresso è stato sempre utile e necessario per l'umanità? Spiega.
5. Alcuni scienziati hanno affermato che nel futuro il cibo ed i pasti saranno sostituiti da pillole *(pills)*. Quali sono le tue reazioni a questa affermazione? Spiega.
6. Pensi che l'effetto serra *(greenhouse effect)* sia dovuto all'uso improprio del progresso? Spiega.
7. Pensi che nel Duemila il progresso causerà enormi cambiamenti nella tua vita? Quali?

■ Nel centro città di Roma coesistono costruzioni vecchie e necessità moderne.

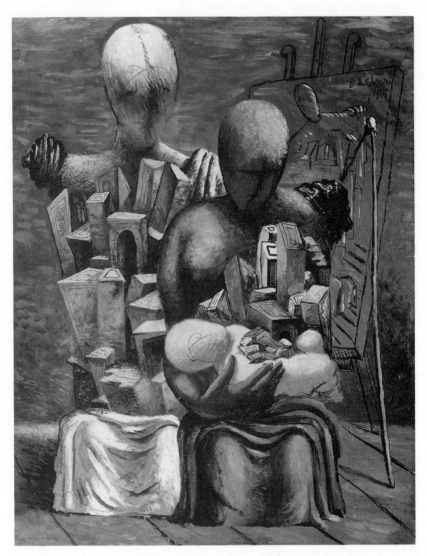

■ Il progresso tecnologico, con le sue buone e
cattive conseguenze, è spesso il soggetto dell'arte
moderna.

■ Crede che lo sviluppo tecnologico abbia influen-
zato la nostra sensibilità visuale e la nostra tolle-
ranza per i contrasti?

■ Le antiche strade romane ci ricordano che ogni epoca ha contribuito al progresso della società. La strada dell'avvenire è ancora da scoprire.

I vantaggi del progresso

Dino Buzzati

Di solito con il progresso arrivano cambiamenti, situazioni nuove e scoperte utili; qualche volta però compaiono *(appear)* anche effetti spiacevoli e negativi. Uno di questi effetti è appunto presentato in maniera drammatica dall'autore di questo breve racconto.

Giuseppe insieme a Bianca, sua moglie, torna dopo tre anni al suo paese natale. Abituato al caos ed ai rumori della città, cerca un po' di tranquillità nella sua casa di campagna. Ma qualcosa non va. Tutto sembra uguale: i prati, i boschi, le case, anche le montagne sono le stesse. Ma i due hanno la sensazione che qualcosa manchi *(is missing)*. Cosa può mancare in un paese così piccolo e semplice?

■ Vocabolario

Studi le seguenti parole prima di fare gli esercizi che seguono.

Parole analoghe

Sostantivi	Aggettivi	Verbi
l'assenza	anormale	ammettere
la bomba	assurdo	contemplare
la causa	atomico/a	esistere
il diditì	chimico/a	improvvisare
l'effetto	disgustato/a	
l'impressione	esagerato/a	
l'insetticida (gli insetticidi)	mortale	
la pianta	taciturno/a	
il progresso		
il silenzio		

77

Parole nuove

Sostantivi

l'alba dawn
l'allegria gaiety, cheerfulness
il bosco woods
il cacciatore hunter
il cambiamento change
la campagna countryside
il chiasso noise
il concime fertilizer
il grano wheat

la mosca fly
il nutrimento food, nourishment
il prato meadow
il ricordo memory
il sole sun
l'uccello bird
l'uccellino little bird
il vantaggio advantage
la voce voice

Aggettivi

circostante surrounding
fulminato/a struck
giusto/a right

maledetto/a cursed, damned
natale native
successivo/a following, next

Verbi

accorgersi (di) to notice
cambiare to change
cascare to fall
risplendere to shine
scoppiare to explode

sterminare to exterminate, to
  destroy
udire (odo, odi, ode, udiamo, udite,
  odono) to hear

Espressioni

andare a finire to end up
dare la colpa to blame

guardarsi intorno to look around

■ Esercizi di prelettura

A. Nei seguenti gruppi ci sono una o più parole che non hanno una connessione logica con la prima. Indichi qual è o quali sono.

1. il giorno: improvvisare, l'alba, illuminare, l'assenza, risplendere, il sole
2. la natura: il bosco, taciturno, la campagna, la pianta, maledetto, il prato
3. i cereali: il grano, natale, il concime, il prato, il nutrimento
4. gli animali: l'uccello, l'uccellino, fulminato, la mosca, il cacciatore, il chiasso
5. prodotti chimici: l'insetticida, successivo, il didtì, il concime, sterminare

B. **In campagna.** Completi il seguente brano con una delle parole fra parentesi.

Mi piace trascorrere le vacanze in campagna. Spesso (vado a finire, ammetto, casco) nel mio paese (circostante, natale, successivo) dove si sta molto bene. A volte la mattina mi alzo all'alba e vado nei boschi (taciturni, fulminati, circostanti). Qui (mi accorgo, mi guardo intorno, esisto) e contemplo la natura. Nel bosco c'è sempre molta (causa, allegria, pianta) e mi piace (cambiare, scoppiare, udire) i piccoli concerti che uccelli e uccellini (ammettono, scoppiano, improvvisano) di continuo con le loro (voci, assenze, cambiamenti).

C. **Contrari.** Completi le seguenti frasi con una parola di significato contrario alle parole indicate.

1. La vita di città e la vita di campagna presentano tutte e due . . . e *svantaggi.*
2. Il *chiasso* del traffico cittadino è in contrasto con il . . . della campagna.
3. Mentre in campagna si vive in maniera più *normale,* la vita in città è spesso . . . .
4. Infatti in campagna le attività sono *moderate,* ma in città sono . . . .
5. Se il ritmo di vita in campagna sembra *logico,* quello in città sembra . . . .
6. Quindi se è . . . vivere in campagna all'aria aperta, è *sbagliato* respirare l'aria inquinata della città.

I vantaggi del progresso

Dino Buzzati

Dino Buzzati was born in the foothills of the Dolomite Alps, north of Venice, in 1906 and died in Milan in 1972. He earned a law degree but chose instead to practice journalism, writing for the Milanese daily Corriere della Sera *and the magazine* La Domenica del Corriere. *As a foreign correspondent, he traveled throughout the world.*

Buzzati's novels, plays, and short stories are characterized by allegory, surrealism, adventure, and a dry, unadorned style suited to the content of his work. He was awarded literary prizes for two collections of short stories: the Premio di Napoli for Il crollo della Baliverna *in 1957, and the Premio Strega for* Sessanta racconti *in 1958. The story "I vantaggi del progresso" belongs to the collection* Siamo spiacenti di *(1975).*

NOTA DI PRELETTURA: *Durante la lettura tenga presente le seguenti domande:*

- *Quali sono le teorie di Giuseppe e sua moglie sui cambiamenti che trovano nel paese?*
- *Quali sono gli elementi naturali descritti dall'autore che fanno da sfondo (background) alla storia?*
- *Quali sono gli atteggiamenti (attitudes) della gente del luogo? Sono diversi dagli atteggiamenti dei visitatori appena tornati?*
- *Che tipo di rapporto esiste fra Giuseppe e Bianca?*
- *Quale potrebbe essere il messaggio dell'autore?*

Dopo un'assenza di tre anni, Giuseppe tornò a Gron, suo paese natale, dove aveva una casa di campagna. Ivi° i ricordi suoi più cari.   *(= lì) there*
Quando arrivò, era felice. Il sole risplendeva e
5 tutto si presentava al posto giusto, come nei lontani anni. Le montagne, i prati, gli alberi, le siepi, i sassi, le nuvole, il fruscio del fiume. Eppure° Giuseppe si guardava intorno come   *And yet* cercando ancora qualche cosa: e questa cosa
10 non veniva.

Disse alla moglie, che conosceva il posto come lui e come lui lo amava: «Senti, Bianca, non hai anche tu l'impressione che, da tre anni a questa parte, qualcosa sia cambiato? Non
15 riesco a capire cosa sia, ma la campagna, o la casa, o l'aria, o che so io,° non è più come una   *whatever* volta.»

La moglie si guardò intorno attentamente senza riscontrare niente di anormale. I prati, i
20 boschi, i sassi, le case sparse qua e là, le montagne, il campanile in fondo, perfino i pali della luce, tutto appariva in ordine perfetto.

«È una tua idea, sai, Beppe» disse. «Non c'è proprio niente di cambiato. Noi piuttosto,
25 siamo noi cambiati. Invecchiamo, caro mio. Ma non vogliamo ammetterlo. E i cambiamenti nostri, che avvengono dentro di noi, li attribuiamo al mondo circostante.»

«Ma brava, Bianca! Non ti ho mai sentito
30 fare un discorso così filosofico e difficile. E hai tutte le ragioni. Però in questo caso non credo si tratti di vecchiaia. C'è solo *una cosa* che è cambiata, non tutte, come sarebbe se dipendesse da un mio mutato° modo di vedere. Ma   *changed*
35 non riesco a capire cosa sia.»

A questo punto Bianca lo lasciò rientrando in casa perché aveva le valigie da disfare. E non se ne parlò più fino al mattino successivo quando, svegliatasi all'alba, Bianca andò ad
40 affacciarsi al davanzale° e contemplando la bellissima campagna che il primo° sole stava illuminando, rimase in forse° pure lei. Giuseppe aveva ragione. Al paragone di una volta° c'era qualche cosa di cambiato. E non
45 doveva essere un cambiamento in più,° cioè una aggiunta, un'intrusione, l'ingresso di un elemento nuovo. Piuttosto una mancanza, una sottrazione, un vuoto. Ma che vuoto?

All'improvviso lui balzò dal letto: «Ma che
50 imbecille! Ma come facevo a non capirlo? Ma se è così evidente! . . . Gli uccelli, gli uccellini . . . . Non ti accorgi, Bianca, che in questa campagna non esistono più uccelli?»

Si misero al° davanzale e ascoltarono. Una
55 volta gli alberi e le siepi intorno erano tutti un cicaleccio,° specialmente a quell'ora presta del mattino. Voci disparatissime, passeri, cardellini, pettirossi, cingallegre, scriccioli, verdoni, merli, eccetera. C'era chi° cantava da maestro,
60 e chi sapeva fare solamente un piccolo richiamo sempre uguale, chi improvvisava degli stupendi versi e chi sapeva fare soltanto una crocetta come firma.° Ma l'allegria era generale.
65 Ora invece il silenzio. Non un gorgheggio, non un verso, un trillo, un sibilo, un sospiro, un batter d'ali.° Nudo silenzio.

Passò di sotto il vecchio Giacomo spingendo una carriola.
70 «Di' un po', Giacomo. Come va questa faccenda?° Dove sono andati a finire tutti gli uccelli che c'erano una volta?»

«Ah, signor signor!» era il suo modo di dire. «Allora anche lei se ne è accorto? Ha visto che
75 deserto? Pensare il chiasso che facevano una volta!»

«E perché tutto questo? Cos'è successo? Sono stati i cacciatori° a sterminarli?»

«Ah, signor signor, cosa vuole che siano
80 stati i cacciatori? Macché° cacciatori! La causa è un'altra . . . Ma non l'hanno mica ancora ben capita . . . Se ne dicono tante° . . . C'è chi

to look out the window
early
in doubt

Compared to the past
extra

*They placed
themselves at*
chatter

There were those that

*were illiterate (lit. only
knew how to sign
their name with an X)*

wings

What's the story?

hunters

But what

*People say so many
things*

dà la colpa ai concimi chimici, dicono che da
questi concimi nasce del grano che agli uccelli
85 non gli piace, e così lo stesso per la canapa, il
granturco e le altre piante . . . Capisce, signor
signor? E c'è chi dà invece la colpa al diditì,
dicono che mosche moscerini eccetera servi-
vano agli uccelli come nutrimento ma adesso
90 gli insetticidi hanno fatto strage° delle mosche   *killed off*
e gli uccelli non hanno più da mangiare e se ne
sono andati disgustati . . . E poi, signor signor,
c'è chi parla della bomba atomica. Come si fa a
sapere noi° — così dicono — a sapere l'effetto   *How can we know*
95 delle bombe atomiche anche se le fanno scop-
piare dall'altra parte della terra? Chi dice che
da questi scoppi non vengano fuori delle
nuvole e che queste nuvole girino e se gli
uccelli ci capitano dentro cascano tutti fulmi-
100 nati? Come si fa a saperlo? Eh, signor signor,
questi sono tempi grami° e bisognerebbe . . . »   *miserable*
Se ne andò brontolando e ben presto svanì
anche il cigolio della carriola. Quindi tornò il
silenzio.
105 Per avere finalmente un poco di silenzio,
Giuseppe e Bianca avevano lasciato la città.
Non ne potevano più° di strepiti, di rombi, di   *They couldn't stand*
cigolii, di scoppi, di clacson, di ruggiti. Una   *any more*
cosa sola desideravano: il silenzio. Ma non
110 questo. Questo era un silenzio esagerato, as-
surdo, e ricordava il sonno dei sepolcri.° Una   *tombs*
campagna così taciturna era peggio dei micro-
motori, dei tram in curva, dei camion in
accelerazione. Come se fosse una terra male-
115 detta o vi ristagnasse° un gas mortale.   *stagnated*
Restarono tre giorni. Non udirono che grida
di cornacchie, e, di notte, un barbagianni.
Allora lui: «Su, Bianca, prepara le valigie,
ritorniamo. In città almeno qualche passe-
120 rotto° lo troviamo. Non vedo l'ora° di sentire   *sparrow / I can't wait*
la sua voce!»

■ Esercizi di dopolettura

A. **Comprensione.** Insieme con un altro studente/un'altra studentessa narri ciò che succede nel racconto usando come guida le
seguenti frasi.

1. Dopo un'assenza di tre anni, Giuseppe e Bianca tornano . . . .
2. Come erano il paese e la campagna circostante.

3. Giuseppe ha l'impressione che qualcosa sia cambiato.
4. Secondo Bianca . . . .
5. Il giorno successivo si accorgono che . . . .
6. L'incontro con il vecchio Giacomo.
7. Il grano è coltivato con . . . .
8. Gli uccelli non hanno più da mangiare perché . . . .

B. **Dialogo.** Immagini di essere Giuseppe o Bianca e di tornare in città dopo essere stato/a in paese. Racconti la sua esperienza ad un vicino/una vicina di casa (*neighbor*). Prepari un dialogo appropriato insieme ad un altro studente/un'altra studentessa.

C. **Tavola rotonda.** Con un gruppo di tre o quattro studenti discuta la seguente questione. Poi presenti le sue conclusioni alla classe.

Con la scusa di migliorare l'aspetto e il sapore dei prodotti agricoli, l'uomo usa oggi gli insetticidi, il concime, i conservanti, i diserbanti (*weed-killers*), eccetera. È migliorata con questo la qualità della vita?

D. Temi di discussione orale o scritta.

1. Descriva i sentimenti che all'inizio del racconto Giuseppe e Bianca hanno verso la campagna. Perché e come cambiano questi sentimenti?
2. È giustificato il fatto che la gente di campagna usi concimi chimici e insetticidi? Perché?
3. Che cos'è l'equilibrio ecologico? È necessario mantenerlo? Perché?
4. Secondo lei, qual è il punto di vista dell'autore alla fine del racconto? Lei è d'accordo con lui?

■

L'ultima mela

Carlo Castellaneta

In questo racconto fantascientifico, l'autore narra con brio *(verve)* uno degli estremi dove può arrivare l'evoluzione del progresso. La protagonista è la mela, o più precisamente la sua scomparsa *(disappearance)* come frutta da tavola.

Nel mondo scientifico si discute spesso la possibilità di sostituire i cibi naturali con cibi sintetici. In luogo della pasta, della carne, della verdura e della frutta, ci dovremmo nutrire con tavolette *(tablets)* e pillole sostitutive. A questo punto potremmo chiederci se un tale cambiamento possa essere visto come un vantaggio o uno svantaggio del progresso.

■ Vocabolario

Studi queste parole prima di fare gli esercizi che seguono.

Parole analoghe

Sostantivi	Aggettivi	Verbi
l'allucinazione	affascinato/a	apparire
l'apparizione	eccezionale	commettere
la coltivazione	fresco/a	consumare
la fabbricazione	miracoloso/a	eliminare
la frutta[1]	sintetico/a	riprodurre
il frutto[2]	spaziale	
la polizia	stupendo/a	
il profumo	tecnologico/a	
la tentazione		
la visione		

---

1. fruit (in general): *Ho comprato la frutta.*   2. fruit (specific); product, outcome: *La banana è un frutto tropicale.*

Faccia attenzione!

il **processo** process; trial

sapere (di) to taste (like)

Parole nuove

Sostantivi

il **carico** load
la **confezione** manufacturing; finished product
la **cucina** cooking
l'**esemplare** sample
il **fico** fig
la **mela** apple
il **morso** bite

la **pena** penalty
il **pittore** painter
la **radice** root
il **reato** crime
il **sapore** taste
la **serra** greenhouse
la **tavoletta** tablet
il **torsolo** core

Aggettivi

acidulo/a sour
colpevole guilty
lucente shining
maturo/a ripe

severissimo/a very strict
sgomento/a alarmed
tondo/a round

Verbi

addentare to bite
annusare to smell
assaggiare to taste
cogliere to pick
congelare to freeze
consegnare to hand over
dipingere to paint

marcire to rot
masticare to chew
raccogliere to pick, to gather
scomparire (scomparso) to disappear
sequestrare to confiscate

Espressioni

abitualmente habitually
ampiamente widely
buttare via to throw away

fare la spia to play the spy
guardarsi attorno to look around
liberamente freely

■ Esercizi di prelettura

A. **La tecnologia.** Completi il seguente brano con gli aggettivi che corrispondono ai nomi indicati.

1. La *tecnologia* è una parte essenziale della vita moderna, e la gente è abituata al continuo sviluppo . . . .
2. La conquista dello *spazio* è infatti una conseguenza della tecnologia moderna. I viaggi . . . sono da tempo una realtà.
3. Dobbiamo sostenere il progresso tecnologico senza *eccezione*, anche se in via . . . qualche volta bisogna opporsi ad esso.

4. Spesso per giustificare i danni alla natura diamo la *colpa* al progresso; in realtà l'uomo ne è . . . .
5. In questo caso, la massima *severità* è necessaria. I colpevoli dovrebbero ricevere pene . . . .

B. Completi il seguente brano con una delle parole o espressioni date fra parentesi.

La (fabbricazione, frutta, confezione) è necessaria all'alimentazione e alla salute della gente. Ognuno dovrebbe (riprodurre, consegnare, consumare) molta frutta (acidula, fresca, lucente) durante la settimana, ed è importante che la frutta sia (matura, sgomenta, tonda).

Siamo tutti abituati a comprare la frutta al mercato, ma sarebbe un'esperienza (lucente, attenta, stupenda) andare in campagna e (congelare, addentare, cogliere) arance, (morsi, mele, torsoli), pere o (fichi, carichi, radici).

Molto diverso invece è il (sapore, morso, reato) della frutta coltivata in (confezione, serra, fabbricazione). La forma di questa frutta è (abitualmente perfetta, liberamente matura, ampiamente tonda), ma oltre ad avere un aspetto (miracoloso, lucente, sintetico), questa frutta non (processo, sa, dipinge) di niente.

C. Nei seguenti gruppi ci sono una o più parole che non hanno una connessione logica con la prima. Indichi quali sono queste parole.

1. il sapore: acidulo, tondo, naturale, lucente, fresco
2. la frutta: il torsolo, la tavoletta, il fico, sgomento, marcire, addentare
3. il reato: sequestrare, l'esemplare, fare la spia, ampiamente, la polizia, il processo
4. la fabbricazione: il processo, l'apparizione, riprodurre, la tentazione, la confezione, la tavoletta
5. mangiare: buttare via, consumare, il fico, il morso, liberamente, masticare, la cucina, annusare

D. **Definizioni.** Combini le definizioni della colonna A con le parole o espressioni della colonna B. Ci sono due elementi in più nella colonna B.

A	B
1. L'artista che dipinge	a. colpevole
2. Parte di un albero o pianta che è sotto terra	b. masticare
3. Com'è la persona che commette un reato	c. guardarsi attorno
4. È parte della mela	d. il pittore
	e. congelare

5. Luogo dove avviene la coltivazione protetta dei prodotti agricoli
6. Lo sentiamo quando annusiamo qualcosa
7. Quello che facciamo quando mangiamo
8. È possibile farlo con il frigorifero

f. il profumo
g. la radice
h. raccogliere
i. il torsolo
j. la serra

L'ultima mela

Carlo Castellaneta

Carlo Castellaneta was born in Milan in 1930. His parents had dissimilar backgrounds: his mother was Milanese, his father from Puglia, a region in southern Italy. The settings and subjects of Castellaneta's novels are unusually diverse. Una lunga rabbia *(1961) takes place in the art world,* Progetti di allegria *(1978) is written from the point of view of a woman,* La paloma *(1972) depicts the world of anarchists and* Ombre *(1982) that of a group of leftist terrorists. Castellaneta has also written many short stories whose characters typically belong to the upper-middle class of Milan.* "L'ultima mela" *belongs to his latest collection of short stories,* Rapporti Confidenziali *(1989).*

NOTA DI PRELETTURA: *Durante la lettura tenga presente le seguenti domande:*

- *In quale epoca sembra avere luogo il racconto?*
- *Qual è l'umore (mood) che predomina nel racconto?*
- *Perché i giovani protagonisti si mettono in tanto rischio?*
- *Quali sono le regole di condotta che questa società deve rispettare?*
- *Nel racconto, che cosa costituisce un reato?*

Possibile che fosse un frutto, quella cosa tonda e lucente intravista° mentre egli correva a tutta velocità sull'autostrada? Oppure era stata una allucinazione?

5   Nel dubbio, il giovane frenò° e scese dalla macchina. Tornò indietro a piedi per un centinaio di metri, e a un tratto sentì il cuore sobbalzargli° nel petto: sul bordo della strada c'era una mela, una stupenda mela rossa e
10 verde.

glimpsed

put on the brakes

jump

Si guardò attorno circospetto, poi con un
gesto rapido raccolse[1] il frutto e se lo infilò°   *slipped it*
dentro la camicia. Non osò° tirarlo fuori nem-   *didn't dare*
meno quando fu risalito in macchina, però una
15 cosa aveva notato: la mela era intatta, matura e
perfetta come se fosse stata di ceramica.

Alla prima cabina° si fermò per telefonare.   *phone booth*

«Devo vederti subito» annunciò alla fidanzata.

20 «Che succede?»

«Non posso dirtelo per telefono.»

Da mezzo secolo la frutta allo stato naturale
era scomparsa, sostituita da tavolette da masticare che ne riproducevano il sapore e che tutti
25 consumavano abitualmente alla fine dei pasti.
Del resto ogni altro cibo era stato inscatolato e
liofilizzato,° avendo la cucina sintetica ormai   *canned and dehydrated*
preso il posto di quella tradizionale.

«D'accordo» disse lei. «Ti raggiungo a casa.»

30 Pene severissime erano comminate° a chi   *inflicted*
fosse stato sorpreso nell'atto di cogliere frutti
freschi. Il progresso tecnologico aveva elimi-
nato le vecchie coltivazioni all'aperto, dive-
nute serre difese da muraglie° di cemento, di   *walls*
35 modo che a nessuno era dato di poter vedere
in campagna un albero da frutto, così come gli
spaventapasseri° erano un lontano ricordo del   *scarecrows*
passato.

Quando i due giovani si incontrarono di lì a
40 poco, la mela era stata deposta su un tavolo,
coperta da un tovagliolo.

«Allora?» fece lei, impaziente.

«Guarda» rispose lui.

Compì un gesto da prestigiatore,° e il frutto   *magician*
45 apparve in tutta la sua magnificenza.

«Oddìo!»°   *Oh God!*

Lei era senza fiato.°   *breathless*

«Ma è fantastica! Non ne avevo mai viste
. . . È proprio come nei libri . . .»

50 «Aspetta. Senti che profumo.»

Le porse[2] la mela da annusare, e lei aspirò
quel profumo acidulo che sapeva di terra. Poi
la sollevò facendola ruotare° per il picciolo.°   *rotate / stem*

---

1. Passato remoto di *raccogliere*. 2. Passato remoto di
porgere: to offer, hold out.

«Attento, magari si rompe. Ma dove l'hai
55 trovata?»

«Sull'autostrada. Sarà rotolata giù da un
camion.»

«Non ti avranno visto?»

Lui alzò le spalle: il reato che aveva com-
60 messo era adesso ampiamente ripagato da
quella visione.

Sedettero al tavolo e contemplarono la
mela. Vista da vicino pareva un oggetto spaziale, venuto da chissà quale distanza.

65 «Adesso capisco perché i pittori la dipinge-
vano» disse lei.

«È una forma perfetta.»

«Che voglia di assaggiarla» lei aggiunse.

«Sei pazza?° Dobbiamo farla vedere ai no-   *crazy*
70 stri amici!»

«Ma è pericoloso!»

Anche lui ne era consapevole,° ma l'occa-   *aware*
sione era troppo eccezionale perché soltanto
loro due custodissero° quel tesoro. Da anni   *guarded*
75 nessuno aveva più visto un frutto dal vero,°   *from nature*
perché nelle serre il processo di fabbricazione
cominciava con la radice e finiva con la confezione, seguendo una vera e propria linea di
montaggio.° Nemmeno gli operai riuscivano a   *a veritable assembly*
80 vedere un grappolo di uva° finito, in modo da   *line / bunch of*
essere al riparo dalle° tentazioni.   *grapes / safe from*

«Quanto potrà resistere,° senza marcire?»   *to last*

«Non so» egli disse. «Forse qualche mese, se
la congeliamo.»

85 «Ma se la congeliamo perderà tutto il profumo . . . »

«È vero» ammise lui.

Guardavano la mela, parlando, senza riu-
scire a distogliere lo sguardo, affascinati come
90 da un'apparizione miracolosa.

«Ho letto che una volta ne distruggevano a
quintali»° fece lei.   *tons*

«Quando?»

«Quando c'era abbondanza di frutta sul
95 mercato. La buttavano via per non fare abbas-
sare° il prezzo.»   *lower*

«Ma sei sicura?»

«Ho visto delle foto, in biblioteca!»

«Anche le mele?» chiese lui, incredulo.

100 «Sì, qualunque frutto.»

La mela, sotto la luce, pareva anch'essa dipinta, sempre più irreale sotto il loro sguardo.°   *glance*

«Criminali!» egli disse dopo un po'.

105 «Non saremmo arrivati a questo punto, se non fossero stati dei criminali.»

«Comunque non possiamo mangiarla adesso. Anche gli altri hanno diritto° di vederla . . . »   *right*

Queste ultime parole li avrebbero perduti.°   *would seal their fate*

110 Il giorno successivo, la cosa era già di dominio pubblico.° I notiziari televisivi an-   *common knowledge*
nunciarono che da un carico di mele era risultato mancante un esemplare, e invitavano a consegnarlo chi lo avesse trovato.

115 «Hai sentito? Entro ventiquattr'ore, hanno detto . . . »

La voce di lei al telefono era preoccupata. Divenne angosciata° quando lui la informò   *distressed*
che nei prossimi giorni sarebbero venuti
120 gruppi di amici per osservare il frutto dal vivo°   *live*
e poterlo fotografare. Gente fidata,° però, che   *trusted*
avrebbe mantenuto il silenzio.

Così per due giorni sfilarono° in quella casa   *passed through*
moltissimi giovani che in vita loro non ave-
125 vano mai visto una mela, e neppure un fico o una banana, ma ne avevano sentito raccontare soltanto dai genitori.

Quel pomeriggio era appena uscito di casa l'ultimo gruppo di visitatori, quando bussaro-
130 no di nuovo alla porta.

«Aprite, polizia.»

I due giovani si guardarono sgomenti. Qualcuno aveva fatto la spia, oppure quell'an-
dirivieni° era stato notato.   *coming and going*

135 Lei corse a prendere la mela e, senza esitare, vi affondò i denti con un primo morso.

«Tieni, tocca a te»° gli disse.   *it's your turn*

Rabbiosamente,° a turno addentavano e   *Angrily*
masticavano come in preda a° un orgasmo   *overwhelmed by*
140 quella polpa fragrante e saporita,° commen-   *delicious*
tando con gemiti° il loro piacere. Quando   *moans*
sfondarono° la porta, gli agenti trovarono solo   *broke through*
il torsolo non del tutto spolpato.° Un ufficiale   *stripped clean*
lo sequestrò, mentre i due venivano ammanet-
145 tati° e portati via.   *handcuffed*

Al processo nessuno dei due negò, anzi si

dichiararono colpevoli e soddisfatti, pur sapendo di affrontare la pena capitale.

150 Oggi, che la frutta è tornata ad essere venduta liberamente sui banchi,° ai loro nomi   *market stands* è stata intitolata una scuola.

■ Esercizi di dopolettura

A. **Comprensione.** Indichi *vero, falso,* o *non lo so,* secondo il contenuto del racconto. Corregga inoltre le frasi false, dando spiegazioni.

  1. Il giovane aveva avuto un'allucinazione sull'autostrada.
  2. La mela che era caduta dal camion era tonda, rossa e matura.
  3. Il giovane ha nascosto la mela dentro la camicia.
  4. Il giovane faceva il pittore.
  5. La gente non mangiava frutta naturale da cinquanta anni.
  6. Tutti mangiavano tavolette a colazione, ma a pranzo consumavano frutta fresca.
  7. La coltivazione della frutta e la confezione delle tavolette avvenivano nelle serre.
  8. Il giovane telefonò alla fidanzata per farle vedere la mela che aveva trovato sull'autostrada.
  9. Il giovane era molto calmo mentre parlava al telefono con la fidanzata.
  10. La polizia andò a casa del giovane, sequestrò il torsolo e arrestò i colpevoli.
  11. Il giovane e la fidanzata invitarono gli amici a vedere la produzione delle tavolette.
  12. I notiziari televisivi annunciarono che la mela doveva essere consegnata alle autorità entro ventiquattro ore.
  13. Il giovane e la fidanzata decisero di vendere la mela ad un pittore.
  14. La fidanzata non pensava che ai pittori potesse interessare la mela.
  15. Adesso si può di nuovo mangiare frutta fresca.

B. **Minidramma: A casa del giovane.** Insieme ad altri due studenti/altre due studentesse, completi il seguente minidramma basato sul racconto.

Il giovane:	Hanno bussato alla porta.
La fidanzata:	. . .
La polizia:	Aprite! Polizia!
Il giovane:	. . .
La fidanzata:	Mangiamo la mela.

Il giovane:	. . .
La polizia:	Aprite o sfondiamo la porta!
La fidanzata:	. . .

[La polizia entra in casa.]

La polizia:	Fermi tutti. Datemi la mela!
La fidanzata:	. . .
La polizia:	Vi arrestiamo per il furto *(robbery)* della mela e vi ammanettiamo.

[Al processo.]

Il giudice:	Che reato avete commesso?
I due giovani:	. . .
Il giudice:	Siete colpevoli o innocenti?
I due giovani:	. . .
Il giudice:	Allora vi condanno alla pena capitale.

C. Legga le seguenti parafrasi *(paraphrases)* tratte dal racconto e risponda alle domande che seguono.

1. Quando il giovane telefona alla fidanzata, le dice che non può spiegarsi per telefono.
   Che cosa non poteva dire per telefono il giovane? Perché?
2. La fidanzata dice che vorrebbe assaggiarla, ma prima devono farla vedere agli amici.
   Perché vogliono farla vedere agli amici?
3. Il giovane dice alla fidanzata che sono arrivati a questo punto a causa dei criminali.
   Di quali criminali parlano i due giovani? Perché erano stati dei criminali?
4. Attraverso i notiziari televisivi, i giovani vengono a sapere che hanno solo ventiquattr' ore.
   Che cosa era necessario fare entro ventiquattr'ore?
5. Bussano alla porta perché qualcuno ha notato quell'andirivieni.
   Chi è alla porta? Dove c'è stato un andirivieni? Perché?

D. Temi di discussione orale o scritta.

1. Nelle stesse circostanze dei due protagonisti all'inizio del racconto, cosa avrebbero fatto lei e la sua fidanzata/il suo fidanzato? Perché?
2. Discuta se è possibile che in un futuro non molto lontano i cibi in scatola o confezionati possano sostituire la cucina tradizionale.

VOCABOLARIO

abbassare to lower
abitualmente habitually
accaduto event
acciaccato/a crushed
acciughe *pl.* sardines
accorgersi (di), *p.p.*
  accorto to realize, to notice
acerbo/a unripe
acidulo/a sour
acre bitter
addentare to bite
addosso on, upon, over
affacciarsi: ~ **al davanzale** to look out the window
affascinato/a fascinated
affettuoso/a affectionate
affrontare to face
aggirare to avoid
aiutante *m. or f.* assistant
ala (*pl.* **ali**) wing
alba dawn
allarmato/a alarmed
allegria gaiety, cheerfulness
allucinazione *f.* hallucination
ambiente *m.* environment
ammaccatura bruise
ammanettare to handcuff
ammettere, *p.p.*
  ammesso to admit

amministrare to administer
ampiamente widely
andare to go; **andare a finire** to end up; **andare d'accordo con** to get along with; **andare in pensione** to retire
andirivieni *m.* coming and going
angosciato/a distressed
annegarsi to drown oneself
annodare to knot
annusare to smell
anormale abnormal
anzi on the contrary
anzitutto first of all
appallottare to roll into a ball
apparire to appear
apparizione *f.* apparition
appoggiare to support
argine *m.* riverbank
argomento topic
arguto/a witty
aria air
arrabbiato/a angry; **tutto/a** ~ very angry
assaggiare to taste
assalto assault
assenza absence
assicurare to assure
assieme together
assistere (a) to witness; to assist

assolvere, *p.p.* **assolto** to acquit, absolve
assordante deafening
assurdo/a absurd
atomico/a atomic
atteggiamento attitude
attraversare to cross
attrezzatura equipment
attuale current, present
attutire to muffle (a noise)
automezzo motor vehicle
automobilismo car racing
autosufficiente self-sufficient
avanzare to advance
avere, *p.p.* **avuto** to have; ~ **in regalo** to receive as a gift; **non** ~ **niente a che vedere con** to have nothing to do with
avvenimento event
avverso/a opposing
avviarsi to set out, go forward
avvocato lawyer
avvolto/a wrapped
azione *f.* deed

banco market stand
baraccone: da ~ circuslike
barbiere *m.* barber
basket basketball
battuta wisecrack

benefattore *m.* benefactor
bloccarsi to get stuck
bomba bomb
boschetto small forest
bosco woods
botta bump
brio verve
brontolare to grumble
buffonata joke
buttare to throw; ~ **via** to throw away; **buttarsi** to jump

cabina (phone) booth
cacciatore *m.* hunter
cambiamento change
cambiare to change
camioncino van
camminare to walk; to move
campagna countryside
campionessa *f.* champion
canaglia rascal
capanna hut
capitare to happen
capotribù *m.* tribal chieftain
capottare to overturn
caricare to load
carico load
carta: ~ **igienica** toilet paper
cascare to fall
cascina farmhouse
causa cause; legal suit, case
cavare: ~ **la voglia** to satisfy a wish; **cavarsela** to find a way out, to manage
chiasso noise
chimico/a chemical
chissà who knows
cicaleccio chatter
ciclamino cyclamen
ciclista *m.* cyclist
circostante surrounding
civiltà civilization

clacson *m.* car horn
cofano hood (of a car)
cogliere, *p.p.* **colto** to pick
colpevole guilty
colpo hit
coltivazione *f.* cultivation
come: ~ **si suol dire** as the saying goes
commettere, *p.p.* **commesso** to commit
comminare to inflict
compagna *f.* companion
comprendere, *p.p.* **compreso** to comprehend
concime *m.* fertilizer
concludere, *p.p.* **concluso** to conclude
condannato/a condemned
condizionare to influence
conducente *m.* conductor, driver
confezione *f.* manufacturing; finished product
congelare to freeze
consapevole aware
consegnare to deliver, hand over
conseguenza consequence
conservante preservative
considerare to consider
constatazione *f.* proof, evidence
consuetudine *f.* habit
consultazione *f.* consultation; election
consumare to use, consume
consumismo consumerism
contare to count; to count on

contemplare to contemplate
contestazione *f.* protest
continuo/a continuous
controvoglia unwillingly
coricarsi to lie down
corrente: **al** ~ **di** aware of, informed of
correre, *p.p.* **corso** to run
cretino fool
cucina cooking
cucire to sew
cultura culture
custodire to guard

da: ~ **poco** not long ago; ~ **tempo** for a long time
danno damage
dare, *p.p.* **dato** to give; ~ **di cozzo** to crash; ~ **la colpa a** to blame; ~ **ragione (a qualcuno/a)** to say that (someone) is right; ~ **una mano** to lend a hand
data date
decidersi, *p.p.* **deciso** to decide
deporre, *p.p.* **deposto** to testify
depositare to deposit
dichiarare to declare
diditì *m.* DDT
difensore: ~ **d'ufficio** public defender
difetto defect
dignitoso/a dignified
dipendere (da), *p.p.* **dipeso** to depend on
dipingere, *p.p.* **dipinto** to paint
diritto right
dirottare to hijack
discolpa defense, justification

discorrere, *p.p.*
  discorso to talk
discorso subject,
  speech, conversa-
  tion; ~ del cavolo
  stupid conversation
discussione *f.* discus-
  sion, argument
diserbante *m.* weed-
  killer
disgustato/a disgusted
dominio: di ~
  pubblico common
  knowledge
don Reverend
donna woman; ~ di
  casa housewife
dote *f.* quality, merit
dritto/a straight

eccezionale excep-
  tional
educazione *f.* upbring-
  ing
effetto effect;
  ~ serra greenhouse
  effect
efficiente efficient
eleganza elegance
eliminare to eliminate
entrare to enter; non
  c'entra that has
  nothing to do with it
eppure and yet
equilibrio balance
eremita *m. or f.* hermit
esagerato/a exagger-
  ated
esauriente thorough
esclamare to exclaim
esemplare *m.* sample
esploratore *m.*
  explorer
esporre, *p.p.* esposto
  to set forth
essere (stato): ~ in
  grado di to be in a
  position to
estero: all'estero
  abroad
estraneo stranger

evidentemente
  evidently
evitare to avoid

fabbricazione *f.*
  manufacture
faccenda matter,
  affair; come va questa
  ~? What's the story?
falegname *m.* carpen-
  ter
falegnameria car-
  pentry workshop
fallimento failure
falso/a false
familiare *m. or f.*
  family member
fare, *p.p.* fatto: ~ di
  testa sua to go one's
  own way; ~ finta to
  pretend; ~ il punto
  (di) to assess; ~ in
  tempo (a) to have
  time (to); ~ la spia to
  play the spy; ~ le
  medie to attend mid-
  dle school; ci faccia
  attraversare help us
  cross; si fa presto (a
  dire) it's easy to say
fatto fact
fattorino ticket vendor
fermarsi to stop
fianco: a ~ at one's
  side
fiato: senza ~
  breathless
ficcare to thrust
fico fig
fidato/a trusted
fiducia confidence
filare to spin
filobus *m.* trolley
firma signature
fisico/a physical
flusso flow
forse: in ~ in doubt
forza: ~ che ce la fai!
  you can do it!
freccia arrow; ~ a

destra right turn sig-
  nal
frenare to brake, put
  on the brakes
fresco/a fresh
frittata omelette
frutta fruit (in general)
frutto fruit (specific);
  product, outcome
fulminato/a struck
furto robbery

gemito moan
gettarsi: ~ giù to
  throw oneself down
giovare to be good
girarsi: ~ dall'altra
  parte to turn away
gironzolare to lounge
  around
giudice *m. or f.* judge
giulivo/a merry
giusto/a right
grano wheat
grappolo bunch (of
  grapes, etc.)
grave serious
grembiale *m.* apron
gridare to shout
grosso/a big, huge
guaio: guai a te!
  you're in trouble!
guardarsi: ~ intorno
  (attorno) to look
  around
guastare to spoil
guidatore *m.* driver

identificarsi (con) to
  identify oneself (with)
ignaro/a unaware
illeso/a unhurt
illudersi to fool one-
  self
imitare to imitate
immettere, *p.p.*
  immesso to lead into
impazzire to go mad
impressione *f.*
  impression
improvvisare to

improvise, do something on the spur of the moment
imprudente imprudent
in: ~ partenza da leaving from
inabilità disability
inamidare to starch
incastrato/a trapped
incidente *m.* accident
incidere (su), *p.p.* **inciso** to affect
incoraggiare to encourage
indi afterwards
indicare to indicate
indietro back, backward
indovinare to guess
infervorato/a excited
infilarsi to slip into
infine in the end
influenza influence
ingresso entrance; entrance fee
inopinatamente unexpectedly
inquinamento pollution
inscatolato/a canned
insetticida *m.* insecticide
insistere to insist
insoddisfatto/a unsatisfied
insultare to insult
intanto to begin with; for one thing
interessare to interest
intervenire, *p.p.* **intervenuto** to join in, take part; to intervene
intollerabile intollerable
intravedere to glimpse
inventare to make up
inverosimile fanciful, not true-to-life
investire to run over

irriconoscibile unrecognizable
isolamento isolation
ivi there

lamiera sheet metal
lancio: ~ del giavellotto javelin throw
lasciare: ~ perdere to drop (a subject)
lato side
lavata: ~ di capo scolding
legale *m.* lawyer
legare to tie
liberamente freely
licenza: ~ d'esercizio business license
licenziare to dismiss, fire
linciare to lynch
linea: ~ di montaggio assembly line
liofilizzato/a dehydrated
lucente shining
lucidare: ~ a cera to wax

macché but what
macchinone *m.* big car
mai: ~ più never again
malandato/a in bad shape
male: meno ~ thank goodness
maledetto/a cursed, damned
malessere *m.* discomfort
malumore *m.* bad mood
mancare to lack, be lacking
mantenere to keep
marciapiede *m.* sidewalk
marcire to rot
margherita daisy

marmellata marmelade
masticare to chew
materno/a maternal
maturo/a ripe
mazzetto small bunch
mela apple
meno: ~ male thank goodness
meravigliarsi to be surprised, to marvel
mestiere *m.* trade
metro meter
mettere *p.p.* **messo: ~ in risalto** to emphasize; **mettersi a** to place or set oneself; **mettersi in proprio** to start one's own business
micidiale deadly
miglioramento improvement
migliorare to improve
minaccia threat
miracolosamente miraculously
miracoloso/a miraculous
mo' (modo): a ~ di like
modesto/a modest
monaca nun
morso bite
mortale mortal
mosca fly
motteggiare to joke
muoversi, *p.p.* **mosso** to move
muraglia wall
mutato/a changed

natale native
neanche: ~ per sogno I wouldn't dream of it!
niente: non avere ~ a che vedere con to have nothing to do with
nutrimento food, nourishment

obiezione *f.* objection
Oddio Oh God
odio hate
ora: ~ di punta rush hour
osare to dare
ostacolo obstacle

pace: rifare ~ to make up, make peace
padrone *m.* owner
pagnottella sandwich
panno: nei suoi panni in your shoes
parafrasi *f.* paraphrase
paragone: al ~ di compared to
parete *f.* wall
parte: ~ posteriore rear; **dall'altra ~** on the other side; **dalla propria ~** on one's side; **da una ~/ dall'altra ~** on the one hand/on the other hand
passare: passarsela liscia to get away with it
pazzo crazy
pena penalty
peraltro instead, moreover
personaggio character
personale *m.* figure, body
personalità personality
pescatore *m.* fisherman
piacevole pleasant
pianta plant
picciolo stem
pillola pill
piombare to crash into
pittore *m.* painter
più: in ~ extra
poco: da ~ not long ago
polemica controversy
polizia police

poliziotto policeman
popolo people
portamento bearing
posteggiare to park
posteriore rear
posto: a ~ OK
potente potent
potenziare to make more powerful
potere: non ne posso più I can't stand it anymore
prato meadow
preda: in ~ a overwhelmed by
prendere, *p.p.* **preso: prendersela** to take offense
prestanza good looks
prestigiatore *m.* magician
prete *m.* priest
pro: il ~ e il contro the pros and cons
procedere, *p.p.* **proceduto** proceed
processo process; trial
professione *f.* profession
profumato/a perfumed
profumo perfume
progresso progress
proporre, *p.p.* **proposto** to suggest
proposito purpose
proprietario owner
protagonista *m. or f.* protagonist
protesta protest
protestare to protest
provare to feel; to demonstrate
Provvidenza Providence, God
punto point; **~ di vista** point of view

qua here
quanto: ~ a as for; **in ~** since

questura police station
quintale *m.* ton

rabbiosamente angrily
raccogliere, *p.p.* **raccolto** to pick, to gather
radice *f.* root
raggiungere, *p.p.* **raggiunto** to reach; to join
ragionare to reason
rammendare to mend
rappezzare to patch
rapporto relationship
razza kind, type
reato crime
referendum *m.* referendum
regalare to give as a gift
reinserirsi to rejoin
resistere to last
rettilineo straight stretch (of road)
ribattere to rebut
ricamare to embroider
ricordo memory
ricupero: di ~ scrap *(adj.)*
ridacchiare to giggle
riempire (di) to fill up with
rifare: ~ pace to make up, make peace
riparato/a fixed, repaired
riparo: al ~ da safe from
ripartire to go away again
riprendere, *p.p.* **ripreso: ~ quota** to regain votes
riprodurre, *p.p* **riprodotto** to reproduce
risarcire to compensate
riserbo reserve
rispecchiare to reflect

rispettare to respect
risplendere to shine
ristagnare to stagnate
ristare to stop
ritirarsi to retire
riva riverbank
rivolgersi (a), *p.p.*
  rivolto to turn (to)
roba stuff; ~ **del**
  genere things like
  that
rovente red-hot
rovesciare to spill
rovescio disaster
rumore *m.* noise
ruota wheel
ruotare to rotate

salto: ~ **in lungo**
  broad jump
salvataggio rescue
sano/a healthy
sapere, *p.p.* **saputo** to
  know; ~ **di** to taste
  like; **non si sa mai**
  one never knows
sapore *m.* taste
saporito/a delicious
sarcasmo sarcasm
sbagliato/a wrong
scambiarsi to ex-
  change
scambio exchange
scampagnata picnic
scandalizzato/a
  scandalized
scatola can
scenetta sketch
scomparire, *p.p.*
  scomparso to disap-
  pear
scomparsa disappear-
  ance
scontro clash
scoperta discovery
scoppiare to explode
scorta escort
scossone *m.* jolt
sdraiarsi to stretch out
semaforo traffic light

sentimento sentiment,
  feeling
sepolcro tomb
sequestrare to confi-
  scate
serra greenhouse;
  effetto ~ greenhouse
  effect
servirsi to be of use
severissimo/a very
  strict
sfilare to pass through
sfondare to break
  through
sfondo background
sfrontato/a impudent
sgomento/a alarmed
sguardo look, glance
siccome since
sicuro/a safe
significare to signify,
  to mean
significato meaning
silenzio silence
simile similar
sintetico/a synthetic
sistemare to settle
smacchiare to remove
  spots
snocciolare to strike
  (clock)
sobbalzare to jump
sole *m.* sun
sollecitare to urge
soprannome *m.*
  nickname
sopravvenuto/a
  sudden
sorriso smile;
  ~ **d'intesa** knowing
  smile
sospiro sigh
sostegno support
spaccarsi to split
spalla shoulder;
  sulla ~ over the
  shoulder
sparire to disappear
spaventapasseri *m.*
  scarecrow

spaventarsi to get
  scared
spaziale outer-space
spesa expense
spingere, *p.p.* **spinto**
  to push
spirituale spiritual
spolpare to strip clean
spolverare to dust
sporcacciona a filthy
  woman
stappare to uncork
stare: ~ **a cuore** to
  have at heart; **starci**
  to fit
sterminare to exterminate, to destroy
sterzo steering wheel
stesso/a same; **lo**
  stesso just the same
stimolare to provoke
stirare to iron
storia story
strage: fare ~ to kill
  off
stringersi, *p.p.* **stretto:**
  ~ **nelle spalle** to
  shrug one's shoulders
striscia pedonale
  crosswalk
stupefatto/a aston-
  ished
stupendo/a stupen-
  dous
stupore *m.* amazement
successivo/a follow-
  ing, next
sufficiente sufficient
svagato/a distracted
svelare to reveal
sviluppo development
svolgere to develop
svolta turning point

tabacco tobacco
taciturno/a taciturn
tagliare: ~ **corto** to in-
  terrupt; ~ **la strada**
  to cut in front (of
  traffic)

tanto so much; after all; ~ **più che** all the more so because
tavoletta tablet
tecnologico/a technological
tempo: da ~ for a long time
tenere: ~ **presente** to keep in mind; **tenersi al corrente** to stay well-informed
tentazione *f.* temptation
testimone *m. or f.* witness
testimonianza testimony
tinteggiare to paint
tirare: ~ **fuori** to bring up (a subject)
toccare: tocca a te it's your turn
togliere, *p.p.* **tolto** to take away, deprive
tondo/a round
torsolo core (of an apple, pear, etc.)
tram: ~ **a cavalli** horse-drawn trolley
trama plot
trarre (da), *p.p.* **tratto** to take out

traversata crossing
tribunale *m.* court
trotto trot
trovarsi to find oneself, to be
truccare to "soup up" a car
tutto/a: ~ **solo/a** all alone

uccellino little bird
uccello bird
udienza hearing
udire to hear
umore *m.* mood
unito/a united
urto crash
uscio door

valere: non vale it doesn't count; there's no point
vanità vanity
vanitoso/a vain
vantaggio advantage
vecchietto elderly man
vedere, *p.p.* **visto: non** ~ **l'ora (di)** to be unable to wait (for); **visto che** seeing that, since

vedova widow
verniciare to varnish
vero: dal ~ from nature
versare to pour
vestire *m.* clothes, manner of dress
viaggiatore *m.* traveler, passenger
vicino/a: ~ **di casa** neighbor
vigilia eve
vincere, *p.p.* **vinto** to win; to get one's way
visione *f.* vision
vita life
vivo: dal ~ live
voce *f.* voice
volante *m.* steering wheel
volere: ~ **saperne di** to have anything to do with
volgersi, *p.p.* **volto** to turn around
volta: certe volte at times
voltare to turn
votare to vote
vuoto emptiness

zucca pumpkin; *colloq.* head

CREDITS

PHOTOGRAPHY AND ART CREDITS